KU-024-616

Inhalt

Was heißt denn hier fremd?

Herausgegeben von Beate Winkler

Information & Wissen

humboldt-taschenbuch 747

Die Autorinnen und Autoren:
Werner Bohleber, Irene Dänzer-Vanotti, Ute Gerhard, Jo Groebel, Imme de Haen, Jürgen Link, Claudia Martini, Gert Monheim, Heribert Prantl, Klaus Schönbach, Arzu Toker, Georgios Tsapanos, Beate Winkler und Andreas Zick (siehe Seite 157)

Redaktionelle Mitarbeit:
Claudia Martini, Monika Springer-Geldmacher (RAA-Hauptstelle)

Umschlaggestaltung: Wolf Brannasky, München
Umschlagfoto: Fotostudio Bornemann, München
Bildagentur Mauritius, Mittenwald
Fotograf: J. Loic
© 1994 by Humboldt-Taschenbuchverlag Jacobi KG, München
Druck: Presse-Druck Augsburg
Printed in Germany

ISBN 3-581-66747-9

1 2 3 * 96 95 94

Geleitwort

Cornelia Schmalz-Jacobsen, Beauftragte der Bundesregierung
für die Belange der Ausländer

Die Medien geben die Realität wieder, und gleichzeitig stellen sie
Realität her. Sie sind in ihrer Verantwortung gefordert, wenn es
um bessere Verständigung zwischen deutscher und nichtdeutscher Bevölkerung und um das Eindämmen von Fremdenfeindlichkeit geht. Zwei Dinge stehen dabei im Vordergrund, so sim-
pel sie sich auch anhören mögen: Es ist zum einen wichtig zu
fragen, ob sich die Medien überhaupt mit diesem Themenbereich befassen und zum anderen, in welcher Form sie dies tun.
Wir erleben immer wieder, daß Ereignisse erst dann als solche
wahrgenommen werden, wenn die Medien sie aufgreifen. Der
erste Brandanschlag auf ein Asylbewerberheim erschütterte das
Land; die Medien hatten umfassend darüber berichtet. Die
Brandanschläge von Rostock und Hünxe, die Morde von Mölln
und Solingen haben eine breite Öffentlichkeit mobilisiert, auch
deswegen, weil die Medien präsent waren.
Und jetzt? Obwohl nach wie vor, wenn auch in geringerem Um-
fang, immer wieder Anschläge verübt werden, nehmen wir sie
kaum mehr wirklich wahr. Wir scheinen zu glauben, die Welt sei
wieder »in Ordnung«. Die Medien berichten darüber nur spär-
lich und an wenig prominenter Stelle. Dabei haben sie nicht nur
eine besondere Verantwortung für das, *was* veröffentlicht wird,
sondern auch dafür, *wie* es wahrgenommen wird.
Das Thema Ausländer ist leider nach wie vor ein Negativthema.
In der Regel werden in erster Linie Probleme aufgegriffen: Fremdenfeindlichkeit, verstärkter Zuzug, Kriminalität. Die Bilder
dazu suggerieren Bedrohliches: überfüllte Räume, lange Warte-
schlangen, *exotisches* Menschengewühl. Nur wenn die Medien in
einem alltäglicheren, normaleren und auch positiveren Kontext
über das Zusammenleben von Deutschen und Nichtdeutschen
berichten, das ja in Wahrheit viele erfreuliche Aspekte hat, wird

das widergespiegelt und verstärkt, was einer breiten Bevölkerung fast unbemerkt längst zur Selbstverständlichkeit geworden ist. Hier haben die Medien sicherlich noch Defizite.

Doch nicht nur diese Fragen spielen in dem Handbuch »Was heißt denn hier fremd?« eine Rolle, sondern es werden darüber hinaus unterschiedliche, zum Teil widersprüchliche Wahrnehmungen aus Wissenschaft und Praxis wiedergegeben. Das ist auch gewollt, denn es bedeutet Anregung und vermeidet Einäugigkeit. Den moralischen Zeigefinger zu erheben und anderen zu erklären, wie die Welt zu sein hätte, ist ja in den meisten Fällen nicht nur sehr langweilig, sondern auch kontraproduktiv. So aber kann jeder Leser seine eigenen Schlüsse ziehen, und es gibt Raum für das Nachdenken und – hoffentlich – neue Wege und Formen der Berichterstattung.

Es gehört zu den Schwerpunkten meiner Arbeit, Diskriminierungen abzubauen und andere, weniger vorurteilsbeladene Vorstellungen von ethnischen Minderheiten zu ermöglichen. Dies ist ein steter Versuch, der nicht allein, ohne Verbündete, geleistet werden kann, weder von der Politik noch von einzelnen gesellschaftlichen Gruppen oder Organisationen. Wenn auch die Medien sich dieser Frage stärker und verantwortungsvoller annehmen, mehr Zugangsmöglichkeiten für die Minderheiten selbst schaffen und andere »Bilder« in Wort und Schrift liefern – nämlich solche, die geprägt sind von Gleichberechtigung und Toleranz, aber auch von einem sensiblen und kritischen Umgang mit der Fremdenangst –, dann wären wir ein großes Stück vorangekommen.

Vorwort

Wird es uns gelingen, dem wachsenden Rechtsextremismus, der zunehmenden Gewaltbereitschaft und der sich verbreitenden Fremdenfeindlichkeit in unserer Gesellschaft Einhalt zu gebieten? Diese Frage stellen sich immer mehr Bürgerinnen und Bürger. Vielen ist deutlich geworden, daß durch gesellschaftlich negative Entwicklungen auch unser eigenes demokratisches Selbstverständnis bedroht ist. In vielen Institutionen wird darüber nachgedacht, was im eigenen Bereich zum Abbau von Fremdenfeindlichkeit und Gewalt getan werden kann: Sie müssen sich darauf vorbereiten, daß in unserem Land immer mehr ethnische und kulturelle Minderheiten leben werden. Doch für das Zusammenleben werden Orientierungen kaum gegeben – weder für die Gesellschaft insgesamt, noch innerhalb einzelner Institutionen. Diese Defizite zu beheben, das Zusammenleben positiv zu gestalten und den Minderheiten selbst die Möglichkeit zu geben, gleichberechtigt am gesellschaftlichen Leben teilzunehmen, muß ein Grundanliegen unseres demokratischen Selbstverständnisses sein. Nur so können wir verhindern, daß diese Defizite von Rechtsextremen aufgegriffen und für eigene Zwecke mißbraucht werden.

Nicht nur der Politik, sondern auch den Medien kommt hier eine besondere Bedeutung zu: In bisher nicht gekanntem Maß beeinflussen Medien unser tägliches Leben. Aus ihnen gewinnen wir Orientierung und Einschätzung und entwickeln Verhaltensmöglichkeiten. Daher ist es unerläßlich, daß sich Programmverantwortliche, Programmacher, Redakteure, Journalisten, Experten der Öffentlichkeitsarbeit dieses Themenbereichs annehmen und ihn differenziert und sensibel bearbeiten.

Während meiner langjährigen Tätigkeit bei der Ausländerbeauftragten der Bundesregierung konnte ich immer wieder erfahren, wie widersprüchlich auch Journalisten auf dieses Thema zugehen: die einen, die sich selbstkritisch fragen, und die anderen, die nicht wahrnehmen, um welchen diffizilen Problembereich es sich hier handelt. Und so hat manches, was gutgemeint ist, kontraproduktive Folgen.

Mit den Autoren dieses Bandes habe ich gemeinsam ein Handbuch erarbeitet, das Erfahrungen, Anregungen und konkrete Informationen zum Thema enthält. Wir haben versucht, das Wort *Ausländer* zu vermeiden: Ein Großteil der Jugendlichen, die hier leben, sind hier geboren und kennen kaum das Herkunftsland ihrer Eltern. Man stempelt sie mit dem Begriff des Ausländers ab und grenzt sie letztendlich aus unserer Gesellschaft aus: hier die Deutschen, dort die Ausländer. Möglichkeiten der Gemeinsamkeit werden damit leicht verschenkt.

Dieses Handbuch ist entstanden in Zusammenhang mit dem *Projekt: Zentrum für Migrationsfragen und interkulturelle Entwicklung*, das gemeinsam vom *Stifterverband für die Deutsche Wissenschaft e.V.*, der *Forschungsgruppe Modellprojekte e.V.* und der *Freudenberg Stiftung* sowie dem *Amt der Beauftragten der Bundesregierung für die Belange der Ausländer* gefördert wird. Ziel dieses Projekts ist es unter anderem, den Dialog zwischen Wissenschaft, Praxis und Politik zu fördern und dabei konkrete Arbeitsergebnisse zu gewinnen. So haben wir auch in diesem Buch versucht, über die Grenzen von Wissenschaft, Praxis und Politik hinweg ganz unterschiedliche Erfahrungs- und Wahrnehmungsebenen zu vermitteln. Den Förderern des Projekts danke ich sehr für die beständige und ermutigende Unterstützung auf dem Weg der Projektentwicklung. Besonderer Dank gilt aber dem Humboldt-Taschenbuchverlag in der Langenscheidt-Verlagsgruppe für die so großzügige Unterstützung dieses Handbuchs. Ein herzlicher Dank geht an alle Autorinnen und Autoren, die von Anfang an mit ihrer spontanen Bereitschaft zur Mitwirkung und mit wichtigen Anregungen dieses Projekt ermöglicht haben. Ebenso danke ich den Redakteurinnen dieses Buches für vielfältige Hilfestellungen, besonders Claudia Martini, deren zuverlässige und mitdenkende Arbeit bei der Erstellung des Manuskripts wohl die größte Unterstützung für mich war.

Köln, im Februar 1994
Beate Winkler

I. Wahrnehmungen und Erfahrungen aus der Sicht von Wissenschaftlern

Klaus Schönbach

Weder Allmacht noch Ohnmacht: Ergebnisse der Medienwirkungsforschung

Die Erforschung der Wirkung der Massenmedien beginnt mit einer Enttäuschung: Keine zwei Jahre, nachdem das damals noch junge Medium Radio einen besonders dramatischen Effekt zu zeigen schien, wurde 1940 in einer sorgfältigen Untersuchung der amerikanischen Präsidentschaftswahl deutlich: Weder Radio noch Tageszeitungen entfalteten den zuvor für selbstverständlich gehaltenen Einfluß auf die Entscheidung der Wählerinnen und Wähler.

Im Jahre 1938 hatte Orson Welles den Roman »Krieg der Welten« von H.G. Wells als Hörspiel aufbereitet. Diese Sendung verführte angeblich Hunderttausende von New Yorkern zur Flucht aus ihrer Stadt, weil sie eine Invasion vom Mars befürchteten. Eine geradezu dämonische Macht der Massenmedien, hier besonders des Radios, schien erwiesen. Sein Einfluß war offenbar unwiderstehlich; vernünftige Menschen ließen sich von ihm zu unvernünftigen Handlungen hinreißen. Hinter dieser Ansicht stand die Vorstellung: Die von Presse, Hörfunk und Fernsehen vertretenen Botschaften werden ohne Umwege, ohne Veränderungen in die Köpfe des Publikums übertragen, gleichsam injiziert.

Schon 1940 jedoch wurde die These von der Allmacht der Medien stark erschüttert: Bei der Präsidentschaftswahl in den USA brachten die Massenmedien erstaunlich wenige Wähler dazu, ihre schon zuvor getroffene Wahlentscheidung zu ändern. Was Presse und Radio allerdings gelang, war eine Aktivierung des Publikums; es begann, sich für die Wahl zu interessieren. Sobald dieses Interesse geweckt war, verstärkten die Berichte von Radio und Zeitungen nur die bereits zuvor gefaßten Meinungen. Das interessierte Publikum – so wurde klar – wählt nämlich aus den ihm angebotenen Informationen sorgfältig diejenigen aus, die zur Stabilisierung vorgefaßter Urteile beitragen. Dazu stehen grundsätzlich drei sehr wirksame Mechanismen zur Verfügung: selektive Zuwendung, die dafür sorgt, daß Medien mit voraussichtlich »unpassenden« Informationen gar nicht erst genutzt werden; selektive Wahrnehmung, die während des Lesens, Hörens, Zuschauens, falls nötig, zur Blockade der Aufmerksamkeit führt; und schließlich selektives Vergessen – es läßt unliebsame Informationen, die dennoch durchgedrungen sein mögen, nachträglich schnell verblassen.

Massenmedien und Publikumsinteressen

Naturgemäß rückten nach diesen Erkenntnissen die Aktivitäten des Publikums im Wirkungsprozeß in den Mittelpunkt des Interesses: Zusehends wurde akzeptiert, daß Menschen nicht nur das – defensive – Bedürfnis haben, unangenehme Informationen von sich fernzuhalten. Das Verhalten der Menschen gegenüber den Medien ist nicht nur auf Vermeidung unerwünschter Information orientiert, sondern, im Gegenteil, geprägt von der Suche nach Beiträgen, die Spannung versprechen, Gesprächsstoff liefern oder einfach Zerstreuung finden lassen. Daraus folgte als wichtiges Ergebnis: Wirkungen von Presse, Hörfunk und Fernsehen im Publikum können nicht schlicht ein unveränderter Abdruck davon sein, was die Medien bringen. Das Publikum ist vielmehr souverän, sogar widerspenstig: Nicht die Medien wirken, sondern das Publikum läßt sie wirken.

Im Zuge dieser Überlegungen kristallisierte sich eine zweite neue Idee heraus: Die Wirkung der Massenmedien sollte man überhaupt nicht so sehr im – sowieso schwer zu beeinflussenden – Verhalten des Publikums suchen, sondern eher, und bescheidener, im Bereich des Wissens und der Vorstellungen von der Welt. Die beiden neuen Ideen zu den Wirkungen der Massenmedien gewannen besondere Bedeutung, als drittens auch ein neues Medium weit genug verbreitet war: das Fernsehen. Das Fernsehen, so ließ sich vermuten, sei ein besonders authentisches und damit glaubwürdiges Medium. Durch das Bild würden seine Botschaften darüber hinaus auch sehr leicht verstanden. Und schließlich erschwere die Art seiner Informationsvermittlung – konsekutiv und mit vorgegebenem Tempo – die Auswahlmöglichkeiten der Zuschauer: Sie können oft nicht wissen, was als nächste Information kommt. Haben sie sich einmal zum Sehen entschlossen, bekommen auch unliebsame Botschaften eine Chance, wahrgenommen zu werden. Deshalb könne das Fernsehen den Widerstand des Publikums am besten überwinden, es gleichsam »überrumpeln«.

Heute gehen wir davon aus, daß Medienwirkungen weder nur ein unveränderter Abdruck der Medienbotschaft sind noch allein das Produkt einer absolut souveränen Entscheidung des Publikums. Wir vermuten, daß aus dem Zusammenspiel beider, aus der Medienbotschaft einerseits und den Wünschen und Vorstellungen des Publikums andererseits, Wirkungen entstehen (»transaktionales« Modell der Medienwirkungen, s. Schönbach, K.; Eichhorn, R. W.: Medienwirkung und ihre Ursachen. Konstanz 1992). Medien schaffen also und beeinflussen das Bild, das sich das Publikum, die Medienkonsumenten, machen, in Zusammen-»Arbeit« mit diesen.

Die Wirksamkeit der Medien fußt auf folgenden Leistungen:
- Sie vermitteln Kenntnisse über entfernte Ereignisse.
- Sie verbreiten darüber hinaus Vorstellungen, Images – zum Beispiel von Personen und Produkten.
- Sie »setzen« Themen, indem sie sie aufgreifen und diskutieren.
- Massenmedien vermitteln Eindrücke davon, welche Meinungen und Verhaltensweisen »modisch« sind und welche nicht (»Meinungsklima«).
- Auch die Vorstellungen, die das Publikum vom Zustand der Gesellschaft hat, stammen oft aus den Massenmedien (»Kultivation«): Das Fernsehen in den USA beispielsweise – so amerikanische Forscher – vermittle den Eindruck, das Leben sei bedroht von Kriminalität und Katastrophen. Und auch das Bild der Politik verändere sich unter dem Einfluß der Massenmedien (G. Gerbner u.a.: The »Mainstreaming« of America.

In: Journal of Communication, 30. Jg., 1980, 4.3). Gewalt erscheine alltäglich.

■ Im Gefolge dieser von Medien hervorgerufenen oder beeinflußten Vorstellungen können sich in einem nächsten Schritt Einstellungen, ja sogar Verhaltensweisen ändern oder verstärken. Damit erhalten Massenmedien weitere – nun allerdings indirekte – Wirkungschancen.

Wovon hängt die Wirkung der Medien ab?

Die Stärke des Einflusses, den Medienbotschaften ausüben können, hängt von mehreren Bedingungen ab:

1. Die Massenmedien sind mit ihren Beiträgen nur dann wirksam, wenn sie ihr Publikum tatsächlich erreichen. Das Publikum stellt quasi eine Kosten-Nutzen-Analyse an, in die eingehen:

■ finanzielle Aufwendungen für die Nutzung des Massenmediums;

■ die zeitliche »Dispositionsfreiheit«. Wie stark ist das Publikum durch die Nutzung eines Massenmediums zeitlich gebunden? Dieser Teil der Kosten-Nutzen-Rechnung kommt vor allem der Presse zugute – einem Medium, dessen Rezipient in der Regel nicht auf bestimmte Zeiten angewiesen ist;

■ der »Dekodierungsaufwand«. Damit ist der geistige Aufwand gemeint, dessen es bedarf, etwa eine Zeitung zu lesen, im Gegensatz zu dem Aufwand, der notwendig ist, um eine Sendung im Fernsehen zu verstehen. Darüber hinaus gibt es Unterschiede selbstverständlich noch zwischen einzelnen Sendungen und einzelnen Presseerzeugnissen;

■ der Prestigewert und der »Spielwert« eines Mediums. Ein neues Medium hat es in der Regel leichter, genutzt zu werden, weil es allein durch seine Neuheit eine gewisse Faszination ausstrahlt. Das traf zum Beispiel auf das Radio in den zwanziger und auf das Fernsehen in den fünfziger Jahren zu.

2. Medien haben Einfluß, wenn sie über Ereignisse berichten, die wir nicht mit eigenen Augen überprüfen können. Dann sind wir auf ihr Bild von der Realität angewiesen.

3. Medien haben besonders starken Einfluß, wenn sie sich in ihrer Darstellung der Realität einig sind. Diese »Konsonanz« der Medien ist einer der wichtigsten Wirkungsfaktoren, weil er den Beitrag, den das Publikum zur Medienwirkung leistet, stark zu reduzieren vermag. Das Publikum, das nur aus gleichgerichteten Medieninhalten auswählen kann, verliert seine Souveränität und damit die Chance, seinen Bedürfnissen gemäß Medienwirkungen zu gestalten (Noelle-Neumann, E.: Kumulation, Konsonanz und Öffentlichkeitseffekt. In: Publizistik, 19. Jg., 1973). Konsonanz als Wirkungsfaktor wird allerdings immer unwahrscheinlicher in einer Zeit, in der das Mediensystem sein Angebot erweitert und damit sein Publikum in immer kleinere Teilpublika auflöst.

4. Medien haben Einfluß, wenn sie über längere Zeiträume hinweg die immer gleichen Ansichten verbreiten, sie »kumulieren« lassen. Nach der Devise »Steter Tropfen höhlt den Stein« erreichen ihre Botschaften so auch Rezipienten, die sich lange erfolgreich verschließen konnten.

5. Medien haben Einfluß, wenn ihnen Authentizität, Glaubwürdigkeit beigemessen wird.

6. Massenmedien haben Einfluß, wenn ihre Botschaften auf unerfahrene oder ängstliche oder unkritische Rezipienten treffen. Viele Medienwirkungen zeigen sich aus diesem Grund wahrscheinlich am stärksten bei Kindern, Jugendlichen und alten Menschen.

7. Medien haben natürlich dann Einfluß, wenn es ihnen gelingt, auf die Interessen und Bedürfnisse ihres Publikums einzugehen.
Medien sind übrigens in manchen, ja vielleicht vielen Fällen am mächtigsten nicht bei ihrem Publikum, sondern bei denjenigen, die ihre Berichterstattung einsetzen wollen: bei den Politikern, Werbetreibenden und PR-Managern. Oft glauben diese Leute noch an eine bedingungslose Macht der Medien und verändern dann ihr eigenes Verhalten unter dem Einfluß vermeintlicher Medienwirkungen stärker als diejenigen, die diese Medienwirkungen tatsächlich verspüren sollen.

Jo Groebel

Medien, Gewalt und Fremdenfeindlichkeit

Die Vorstellung, Fremdenfeindlichkeit entstehe ausschließlich bei willenlosen, durch äußere Einflüsse getriebenen oder manipulierten Jugendlichen, ist sicherlich zu einfach. So gern man das Phänomen durch Identifizierung einiger weniger Hauptursachen wie Arbeitslosigkeit, Suche nach Sündenböcken, Sehnsucht nach Orientierung in den Griff bekommen würde – die Realität ist vielschichtiger. Auch die Medien stellen im Gesamtsystem denkbarer Wurzeln von Fremdenfeindlichkeit nur einen, und bei dieser Form der Gewalt vermutlich nicht einmal einen Hauptfaktor dar.

Dennoch, die Medienkultur trägt zum gesellschaftlichen Klima mit bei, ist Teil dieses Klimas, und dabei spielt auch die Selbstverständlichkeit dargestellter Gewalt eine wesentliche Rolle.

Auf der Ebene des konkreten einzelnen Programms hat die dargestellte Gewalt eher selten die Wirkung direkter Nachahmung. Zwar kann auch der rechtsradikale Gewalttäter, dem man – unbeabsichtigt – eine Plattform in der Dokumentation, in der Nachrichtensendung bietet, entsprechend disponierte Zuschauergruppen faszinieren; die meisten Wirkungsrisiken sind aber eher indirekter Natur.

Diese Wirkungsrisiken lassen sich für die folgenden Bereiche näher beschreiben.

Das Bild vom Fremden

Zu den am häufigsten beschriebenen Einflüssen der Medien auf Rassismus und Fremdenfeindlichkeit gehören stereotype und dehumanisierende Darstellungen einzelner Bevölkerungsgruppen. Extrembeispiele dafür sind die Propagandapresse und -filme des »Dritten Reiches«. Heute sind solcherart Darstellungen nur mehr in den Medien der rechtsradikalen Gruppen zu finden. Aber auch scheinbar neutrale oder gar wohlwollende Berichte können unterschwellig durch Sprach- und Bildgebrauch zur Ausgrenzung bestimmter Gruppen beitragen. Dazu gehört es, Täter in der Presse auch in den Fällen als Ausländer hervorzuheben («... der Komplize des Täters, ein Türke,...«), in denen es zwischen Tat und nationaler Herkunft keinerlei Kausalbeziehung gibt und auch keine statistische Überrepräsentanz der betreffenden nationalen Gruppen vorliegt. Allerdings ist hier auch keine beschönigende Darstellung zu fordern. Sofern tatsächlich berichtenswerte Zusammenhänge zwischen Tat und Herkunft gegeben sind, kann eine gut recherchierende Hintergrundanalyse, wie in anderen Fällen auch, eine Emotionalisierung des Themas verhindern. Beim Einsatz von Bildern ist dies schwieriger. Da Vorurteile gegen andere auch durch die Mischung von Fremdheit und häufig ärmlichem Erscheinungsbild (und wieder dem unterstellten Kausalbezug zwischen beidem) zustande kommen, können schon »objektive« Abbildungen vorhandene Ressentiments bestätigen, erst recht natürlich solche, die durch Metaphern, Kamerawinkel und Licht visuelle Kommentierung betreiben.

Dies gilt übrigens auch für wohlmeinende Berichte. Die regelmäßig wiederholte Botschaft, daß Fremde vor allem Opfer seien, wird einer »normalen« Beziehung, einer Integration ebensowenig gerecht. Auch die reine Mitleidsperspektive schafft Abgrenzung und kann im Extremfall sogar unfreiwillig zur Dehumanisierung beitragen: Einige sozialpsychologische Untersuchungen belegen, daß Mitleidsappelle – aus Ärger über das eigene schlechte Gewissen, weil man sich in seiner »Harmonie« gestört fühlt – oft eher Aggressionen als tatsächliches Mitleid erzeugen. Also auch die ausschließliche Opferperspektive ist problematisch.

Häufig handelt es sich bei den hier angesprochenen Mitteln der Kommunikation gar nicht mehr um eine bewußt eingesetzte Bildsprache. Im Laufe der Berufssozialisation haben sich bestimmte Codes herauskristallisiert, die zwecks leichterer Assoziierbarkeit immer wieder auftauchen. Dahinter steht oft selbst schon eine (stereo-)typisierende Gestaltung der Bildsprache und die Unterstellung eines jeweils repräsentativen Idealtyps, etwa »das süße Ausländerkind«, »die lamentierende Kopftuchfrau«, »der ausgemergelte Tamile«.

Eine der zentralen Ursachen für Gewaltbereitschaft ist die Aufteilung in *wir* und *die*, in *Ingroup* und *Outgroup*. Selbst aus Anlaß

einer klassischen sozialpsychologischen Untersuchung völlig will-
kürlich aufgeteilte Gruppen (die *Roten*, die *Blauen*) begannen bereits nach kurzer Zeit, sich gegenseitig abzulehnen und schließlich gegeneinander zu kämpfen. Man kann annehmen, daß
dieselben Mechanismen erst recht da greifen, wo schon äußere
Merkmale die Gruppen unterscheiden und die Anlage zur Fremdenangst verstärken können.

Einseitige Perspektiven in den Medien, die der Opfer wie die der
Täter, tragen also zur Abgrenzung bei und erhöhen die Gewaltbereitschaft.

Medien können aber auch die Gemeinsamkeiten zwischen Menschen herausstellen, ohne allerdings vorhandene Unterschiede zu
leugnen. Diese Unterschiede werden weniger negativ bewertet,
wenn man sie verständlich macht. Medien als Mittel der Aufklärung können erläutern, woher zum Beispiel die unterschiedlichen Formen nonverbalen Verhaltens stammen; das ist wichtig,
denn gerade die Verschiedenheit im Umgang mit Gesten, mit
Geräuschen, mit körperlicher Nähe führt zu Ressentiments. Dies
aus der Sprachlosigkeit ins Bewußtsein zu heben, ist ein Schritt
zum gegenseitigen Akzeptieren.

Fremdenfeindlichkeit:
Ursache und Ausprägung in den Medien

Welches Bild der Ursachen von Fremdenfeindlichkeit wird in
den Medien vermittelt? In den Debatten über die Täterpsyche
wird häufig beklagt, daß Rechtsradikale letzlich selbst Opfer der
gesellschaftlichen Umstände seien. Diese zum Teil stärkere Fo-
kussierung auf den Täter als auf das eigentliche Gewaltopfer birgt
die Gefahr, sein Verhalten durch die besonders hohe Aufmerksamkeit noch zu verstärken. Das Gewaltopfer kann dabei aus
dem Gesichtsfeld geraten. Sosehr die Suche nach eindeutigen Ursachen fremdenfeindlicher Aktionen und entsprechender Me-
diendarstellung verständlich ist, die Wirklichkeit ist vermutlich
differenzierter und vielleicht auch beunruhigender.

Da in der Gesellschaft rechtsradikale Meinungen und Einstellungen in den verschiedensten Ausprägungen zu finden sind, ergibt
sich hieraus die Konsequenz, dieses größere Motivspektrum auch

in der Medienberichterstattung zu zeigen. Hier könnte – jenseits der oft üblichen Stereotypisierung auch der Rechtsradikalen – besser sichtbar werden, daß Täter aus ideologischer Überzeugung genauso zu finden sind, wie die, die sozialen Halt über einfache politische Orientierung suchen und jene, die vor allem an Selbstdarstellung und extremen Erlebnissen interessiert sind.

Da das öffentliche Bewußtsein und das Bild von Fremdenfeindlichkeit von den Medien mitgeprägt werden, können diese auch Akzente setzen, was den Umgang mit Fremdenfeindlichkeit betrifft. Um angemessene Gegenmaßnahmen entwickeln zu können, ist es hier besonders wichtig, auch die verschiedenen Motive deutlich zu machen. Dies mag um den unangenehmen Preis geschehen, daß auch Fremdenfeinde nicht mehr als klar umrissene, homogene und damit leicht zu etikettierende Gruppe erscheinen. Ein realistischeres Bild dieser Gruppe könnte aber auch differenziertere Strategien zur Lösung des Problems und zur spezifischen Reintegration von Gewalttätern fördern; eine Gesellschaft, die sich nicht aufgeben will, wird dieses Ziel auch dann verfolgen, wenn es unpopulär ist. Das ist allerdings streng von der Ansicht zu unterscheiden, rechtsextreme Gewalt sei ein Abreagieren von Frust. Die Täter sind ernst zu nehmen.

Präsentationsform und Täter-Opfer-Perspektive

Gerade die Fähigkeit, sich in die Opfer von Gewalt hineinzuversetzen, hängt wesentlich von der Art der Darstellung ab. Hier handelt es sich um einen Balanceakt für den Kameramann, den Reporter, den Redakteur: Die wie Videoclips geschnittenen Nachrichtenbits lassen die Opfer nicht als Menschen sichtbar werden. Sie sind visuelle Reize, die Schreck- oder Empörungsreflexe auslösen, aber zu kurz sind, um das Profil eines Menschen zu vermitteln. Umgekehrt kann das Verharren der Kamera auf den Leidenden auch voyeuristisch erscheinen. Der weitere dramaturgische Kontext kann hier den Unterschied ausmachen. Wenn bei einem ansonsten zurückhaltend gemachten Beitrag zu den Anschlägen von Mölln der Journalist seinen eigenen Bildern der aufgebahrten Leichen so wenig traut, daß er sie mit Krimimusik unterlegen zu müssen glaubt, wird zwar vielleicht der Nervenkitzel erhöht, zugleich aber auch das Geschehen formal fiktionalisiert und in der Zuschauerwahrnehmung eine größere Distanz geschaffen. Diese Fiktionalisierung durch die formale Präsentation ist auch einer der Diskussionspunkte rund um das sogenannte Reality-TV, bei dem allerdings das Thema Fremdenfeindlichkeit bislang keine große Rolle spielt.

Wie fatal gering selbst bei rein dokumentarischen Darstellungsformen die Nähe zu den Opfern bleiben kann, zeigt das Beispiel der Berichte über den Mord an Juden durch die Nazis. Die Leichenberge erzeugten vielleicht Entsetzen, das Leiden wurde aber für einige erst nachvollziehbar, als es in der amerikanischen Serie »Holocaust« personalisiert wurde und ein identifizierbares Gesicht bekam.

Ideal der Berichterstattung über Fremdenfeindlichkeit wird nun gerade nicht Betroffenheits- oder Meinungsjournalismus sein. Aber *bewußter* Journalismus ist in diesem Zusammenhang besonders wichtig, um visuelle Dehumanisierung zu vermeiden. Bewußtsein heißt hier Klarheit über die Wirkungen bestimmter Darstellungen: Distanzierung durch Clip-Formen, Voyeurismus durch Unterschreiten der Intimschwelle, Abstrahierung oder Wahrnehmungsabwehr durch die Multiplikation des Grauens. Eine humane Darstellung der Ergebnisse von Gewaltaktionen sollte lang genug sein, um einem Menschen ein Gesicht zu geben, und dennoch so leise, daß er nicht zum Objekt wird. Diese scheinbar so schwierige Aufgabe ist dann zu lösen, wenn nicht nur kurzfristiges Interesse an möglichst spektakulären Bildern besteht, sondern auch fundierte Hintergrundrecherche fast automatisch eine größere Nähe zum Thema erzeugt. Erst wer sich als Reporter, als Journalist in seinem Sujet auskennt, sich dafür interessiert, vermeidet mit größerer Wahrscheinlichkeit das Stereotyp.

Wie wichtig die Art der Präsentation des Leidens ist, wird im Zusammenhang mit einem anderen psychologischen Mechanismus deutlich, den sich die Nazis zunutze machten. Schon die sichtbaren Spuren des Leidens selbst machen die Opfer den anderen Menschen unähnlicher, können Distanz oder auch Wahrnehmungsabwehr schaffen. Die Propagandafilme der Nazis bauten darauf auf: Die Dehumanisierung begann mit dem Zeigen ausgemergelter Gesichter, die sichtlich *anders* als *wir* waren. Natürlich geht es nicht um eine Gleichsetzung der damaligen Propaganda mit heutiger Berichterstattung. Nur: Was damals systematisch eingesetzt wurde, kann heute auf der Ebene einzelner Bilder unbeabsichtigt immer noch ähnliche, wenn auch viel schwächere Konsequenzen haben – verkürzt: Man gibt den Opfern Mitschuld an ihrem eigenen Geschick.

Demgegenüber steht die Täterperspektive, bei der – wiederum unbeabsichtigt – schon dadurch gewaltsame Verhaltenstendenzen verstärkt werden, daß sie berichtenswert sind und man ihnen eine Plattform bietet. Vielleicht zeichnet sich die Gesellschaft derzeit tatsächlich durch einen starken Werteverlust aus; zwei Wertebereiche aber sind recht durchgängig zu finden: die Bedeutung von Erlebnissen und die Adelung durch Medienpräsenz. So bemerkt der britische Publizist und langjährige »Guardian«-Herausgeber Connor Cruise O'Brian sinngemäß: »Vor die Wahl gestellt, ein arbeitsloser Niemand zu sein oder durch Gewalt zum – wenn auch negativen – Helden zu werden, wie würden Sie sich entscheiden?« Diese überspitzte Formulierung macht immerhin deutlich, daß in unserer Gesellschaft Präsenz in den Medien vor Moral gehen kann. Die *Sache*, für die der Täter eintritt, beweist ihre Wichtigkeit durch die große Aufmerksamkeit, die ihr zuteil wird; diese kann manchmal sogar erst der Grund dafür sein, sich ihr zu verschreiben. Und: Die Faszination durch negative Helden und ihre Symbole, die schon in den dreißiger Jahren ihre archaische Wirkung nicht verfehlte, trägt dazu bei, sich selbst als Teil einer durch die Medien vermittelten und zugleich symbolisch verbundenen Gruppe zu fühlen.

Verschweigen kann nicht der Ausweg sein, aber auch hier sind die Übergänge fließend zwischen Dokumentationspflicht und der spektakulär benutzten Attraktivität einzelner Symbole, Personen und Bilder. Auch für den Täter gilt, was für das Opfer gesagt wurde: Man kann sie als Ikonen zur Bestätigung vorhandener Stereotype einsetzen, man kann sie aber auch als Personen mit psychologisch vielfältigem Hintergrund zeigen und damit vermutlich der Wirklichkeit näherkommen.

Das Bild von Gewalt in den Medien und seine Wirkungen

Die Bereitschaft zum Einsatz von Gewalt gegen Fremde korreliert auch damit, wie Gewalt allgemein in der Gesellschaft charakterisiert und akzeptiert wird. Auch wenn die Medien sicher nicht Hauptursache der Entstehung von Gewalt sind, sie können immerhin die Vorstellung über die Struktur von Gewalt mitprägen. Und hier zeigt sich zum Beispiel über alle Programmgenres des Fernsehens hinweg, daß nicht etwa die dokumentarische Wiedergabe von Gewaltursachen und -folgen vorherrscht, sondern, vor allem durch den hohen Anteil fiktionaler Sendungen, der Angriff auf andere oft als etwas erscheint, was

■ notwendig ist, um sich und seine Interessen in dieser Gesellschaft durchzusetzen;

■ dazu geeignet ist, Kontrolle über seine Situation und damit Selbstbewußtsein zu erreichen;

■ vor allem durch den »Action«-Bezug Erlebnisse schafft und Spaß macht;

■ kaum eine Geschichte hat und auch kaum negative Konsequenzen in irgendeiner Form nach sich zieht.

Gewalt wird also häufig als ständige Botschaft im Programm nicht nur verharmlost, sondern als probates Mittel für Konfliktlösung und als Spaß propagiert. Daß damit auch die Wahrnehmung von Gewalt und ihrer Ausübung geprägt wird, ist mittlerweile hinreichend belegt.

Gewalt allgemein ist also nahezu omnipräsent in den Medien, speziell dem Fernsehen. So kann auch hier je nach Vorliegen weiterer Randbedingungen ein Klima aufgebaut werden, das zunächst allgemein Gewalt begünstigt und innerhalb dieses Klimas auch Gewalt gegen Fremde eine Richtung geben kann.

Welche Prozesse laufen in der Rezeption von Gewalt ab?

Die nach wie vor einflußreichste Theorie (von Albert Bandura) beschreibt die Wirkung von Gewaltdarstellungen als Prozeß sozialen Lernens durch Beobachtung. Dabei gibt es sowohl die kurzfristige Wirkung im Sinne einer direkten Verhaltensimitation als auch längerfristige Übernahme aggressiver Kategorien ins eigene Wahrnehmungsrepertoire. Je nach den äußeren Umständen (Ähnlichkeit zwischen Medien- und realer Situation; Fehlen von Verhaltensalternativen) können in diesem letztgenannten Fall auch sehr viel später noch Verhaltensmuster ausgelöst werden, deren Ursprung im Medienvorbild liegt. Dabei ist die Wirkungswahrscheinlichkeit der Medien umso größer, je weniger eigene konkrete Erfahrungen mit entsprechenden Alltagssituationen vorliegen. Bei Kindern sind dann eher Medieneinflüsse zu erwarten als bei Erwachsenen mit einer schon weitgehend abgeschlossenen Sozialisation. Auch »Wirkung« im Sinne des Reiz-Reaktion-Modells ist dabei möglich: Dann nämlich, wenn der kindliche oder erwachsene Zuschauer eine einzelne Sendung oder eine einzelne Szene sieht und darauf kurzfristig mit Angst, Ärger, Aggression reagiert oder einfach danach mehr weiß (oder zu wissen glaubt) als vorher. Auch dabei spielen zusätzliche Faktoren eine wichtige Rolle (Motivation, Vorwissen, Persönlichkeit), aber der Zustand nach dem Schauen ist zunächst ursächlich vor allem auf das Medienangebot zurückzuführen. Trotz des zu Recht postulierten *aktiven Zuschauers*: Es gibt auch für ihn neue Informationen, neue emotionale Signale, die er nicht ausschließlich auf der Basis schon vorhandener Dispositionen verarbeitet. Allerdings wird mit zunehmendem zeitlichen Verlauf die Situation komplexer, wird man immer weniger von eindeutigen Wirkungen sprechen können. Mehr Einflüsse kommen ins Spiel, eigene Erfahrungen, das soziale Milieu, die Familie. Angemessener ist dann der Begriff »Wechselbeziehung« oder »Interaktion« innerhalb des Systems aus persönlichen, sozialen, medialen und gesellschaftlichen Komponenten. Dennoch, ohne damit monokausale Zusammenhänge zu unterstellen, jede einzelne Komponente und eben auch die Medien sind an dem Gesamtsystem und seiner Entwicklung beteiligt.

Konkret: Gewaltdarstellungen führen nicht automatisch zu höherer Kriminalität (von Einzelfällen einmal abgesehen), sie tragen aber zur Propagierung von Gewalt bei, stellen sie als selbstverständlich dar und verstärken zusammen mit anderen Faktoren ein gegenüber Gewalt offeneres, »unvoreingenommenes« gesellschaftliches Klima.

Kulturelle Eigenheiten einer Gesellschaft sind dabei wichtige Faktoren für mögliche Wirkungen. In Japan zeigen die Medien extreme Gewaltdarstellungen, trotzdem gilt Japan als weitgehend friedliche Gesellschaft. Bei einem Vergleich von sieben Ländern (Australien, Finnland, Israel, Niederlande, Polen, USA, Deutschland) über drei Jahre zeigte sich, daß zwei Faktoren die Wahrscheinlichkeit einer Medienwirkung ansteigen ließen: die Menge des Fernsehangebots mit einem hohen Anteil an Gewaltdarstellungen (vor allem USA) und kulturelle Heterogenität. Konsequenz vor allem auch für die Situation in Ost- und Westdeutschland: In dem Maße, in dem bestehende normative Rahmenbedingungen in Frage stehen und Werteunsicherheit herrscht, nimmt die Orientierungsfunktion des Fernsehens zu. Wenn dann einfache und durch die Dramaturgie besonders auffällige Konfliktlösungsmodelle angeboten werden, kann zumindest eine Verstärkung und Kanalisierung schon vorhandener Aggressions-(oder Angst-)Tendenzen die Folge sein. Monokausalität ist dann zwar immer noch nicht gegeben, aber die Medien sind am Gesamtprozeß zentral beteiligt. Auch weil mit der Selbstverständlichkeit von Gewalt gerade nicht mehr das Abschreckende und das Leiden im Vordergrund stehen, sondern Gewalt als zunehmend normal angesehen wird und man sich an sie gewöhnt. Die Masse »neutralisiert« dann die wichtige Einzelinformation.

Zusammenfassung

Mediengewalt kann in mehrfacher Hinsicht die Einstellung zur Fremdenfeindlichkeit beeinflussen:

■ In allen Medien wird dem Thema besondere Aufmerksamkeit gewidmet. Dies ergibt sich zunächst zwangsläufig aus der Informationspflicht der Medien. Wo aber neben den Kriterien für die Themenwahl noch einmal besonders das Spektakuläre der Gewaltakte zählt, werden durch die hohe Aufmerksamkeit potentielle Täter weiter verstärkt. Man kann möglicherweise sogar von erfolgreicher Gewalt-PR sprechen.

■ Ein weiterer Verstärkungsmechanismus ist die Tatsache, daß Fremdenfeinden eine Plattform geboten wird. Den Jugendlichen, die schon von vornherein ein Bedürfnis nach Identifikationsfiguren haben und gleichzeitig gegen die Gesellschaft protestieren wollen, werden so Vorbilder und Orientierungen präsentiert, die besonders wirksam sind, wenn gleichzeitig Wut und Aggression gegen Minderheiten kanalisiert werden können.

■ Die häufig stereotype Darstellung von Tätern wie von Opfern schreibt bestehende Vorurteile fest und kann, besonders wenn durch entsprechende formale Präsentationsformen begleitet, das Ingroup-Outgroup-Denken bis zur Aggression führen.

■ Durch den hohen Anteil von Gewalt, besonders in den elektronischen Medien, treten allgemein Gewöhnungseffekte ein, die dann auch Gewalt gegenüber spezifischen Zielgruppen, hier Fremden, als normal erscheinen lassen können.

Beim journalistischen Umgang mit dem Thema stellt sich allgemein die Frage, inwieweit das Problem der Fremdenfeindlichkeit nur funktionalisiert wird, um spektakuläre Effekte zu erzielen oder, auf der Basis weitreichender Recherche, auch eine intensivere Beschäftigung mit dem Thema stattfindet. Die besonders wichtige Frage der formalen Darstellung des Themas ist dabei einer der zentralsten Aspekte, der auch konkret zum Beispiel in Trainings und in der redaktionellen Reflexion angegangen werden kann.

Andreas Zick

Vorurteile und Fremdenangst

Anmerkungen aus sozialpsychologischer Sicht

*»Es genügt, daß sich drei Reisende zufällig in einem Eisenbahn-
abteil zusammenfinden, damit alsbald alle übrigen Reisenden in
undefinierbarer Weise feindliche ›Andere‹ werden.«*

Simone de Beauvoir, Das andere Geschlecht

Die Lage scheint verwirrend. Auf der einen Seite die Lichterketten, Hunderttausende, die bekunden: »Mit uns nicht!«, ganz
gleich, ob sie auch entsprechend handeln würden. Auf der anderen Seite die Gewalttaten, die Zunahme an Diskriminierung, der
Druck von rechts. Anders betrachtet: Abnehmende Vorurteils-
bereitschaft, die sich in Meinungsumfragen sogar belegen läßt,
steht gegen einen steigenden Extremismus, gegen den alltäglichen Terror gegen (oft auch nur vermeintliche) Nichtdeutsche.
Die Spannung läßt sich propagandistisch ausnützen, auch und
gerade von den Medien. Der Versuch, ein allgemeines Urteil zu
fällen (»Das rassistische Deutschland« oder »Deutschland ist ein
ausländerfreundliches Land«), muß scheitern. Er kann sogar
dazu beitragen, Verdrossenheit und *Zoff* zu motivieren.

Eine exakte Beschreibung
statt schnellebiger Abziehbilder der Wirklichkeit

Es gibt viele Bestandsaufnahmen und Interpretationen der
gegenwärtigen vorurteilsbelasteten, fremdenfeindlichen Wirklichkeit. Die Suche nach Erklärungen für Vorurteile, Fremdenfeindlichkeit, Rassismus, Rechtsextremismus expandiert; auch,
weil das Ausmaß der Gewalt so neu scheint. Es gibt eine Unmenge an Erklärungen für das, was passiert, und eine Unmenge
von Begriffen kursiert in der öffentlichen Diskussion, die vorge-
ben, alle dasselbe zu meinen (Vorurteile, Fremdenfeindlichkeit,
Fremdenangst, Rassismus, Rechtsextremismus, Ethnozentrismus, Xenophobie und ähnliche). Aber: Wer hätte schon 1989
vom *rassistischen Deutschland* geredet oder geschrieben? Und
doch wird heute immer deutlicher, daß die gegenwärtigen Vor-

urteile und fremdenfeindlichen Taten Ergebnis längerfristiger Entwicklungen sind. Wenigstens darin besteht einigermaßen Konsens: Vorurteile und Rassismus haben Geschichte und berufen sich auf Geschichte.

Die Psychologie richtet einen anderen Blick auf diese Geschichte. Von ihr könnte man annehmen, daß sie noch am nächsten dran ist, an den Seelen der Opfer und Täter, an ihren Beweggründen, ihrer psychischen Konstitution. Psychologie ist aber nur eine Sicht auf das, was passiert, und selbst sie bietet verschiedene Blickwinkel an, die sich in verschiedensten Theorien kristallisieren. Andere Sichtweisen sind notwendig, weil die Ursachen für Vorurteile und Rassismus nur begrenzt psychologisch zu erklären sind. Historische, politische, gesellschaftlich-soziologische, öffentliche und journalistische Analysen sind ebenso bedeutsam, um umfassend begreifen zu können, was hinter Vorurteilen, Fremdenangst, Rassismus steckt.

Dem Journalismus kommt gerade in Zeiten, in denen gesellschaftliche Krisen und Problemlagen sichtbar werden, eine besondere Rolle zu, weil er oft die Aufgaben der Wissenschaften kurzfristig mitübernehmen muß. Bestandsaufnahme, Begriffsfindung und Analyse, Hypothesenbildung, Urteilsfindung und Ergebnisdarstellung zu den Themen Vorurteile, Rassismus, Diskriminierung müssen in kurzer Zeit erfolgen und die Kriterien der Verwertbarkeit (Auflagen, Einschaltquoten) erfüllen. Der Journalismus sollte sich dessen bewußt sein, daß er Theorien zur Interpretation anbietet, die das Denken und Handeln leiten. Redet man allzusehr von den *verrückten Tätern* oder von einer allgemeinen Angst vor *den Fremden*, dann wird man die Konsequenzen mitrechnen müssen: Eine Verurteilung von Gruppentaten als Einzeltaten und eine Kategorisierung aller Nichtdeutschen als *Fremde*. Mehr noch: Die Rede von den gestörten Charakteren und *den Fremden* kann diese geradezu erschaffen. Die Geschichte zeigt genügend Beispiele: Hexenverbrennung, Verfolgung von Juden und »Zigeunern«, um nur einige zu nennen. Positiv gewendet heißt das: Ein breiter, ruhig betrachteter Ausschnitt der Wirklichkeit, eine genaue Sprache, eine exakte Beschreibung dessen, was man sieht, wären hilfreich; gerade gegen den Druck schnellebiger Abziehbilder der Wirklichkeit. Es gibt nicht nur eine einzige, alleingültige Erklärung dafür, wie Vorurteile und Rassismus entstehen. Gerade das heißt aber nicht, daß alle Erklärungen richtig und erlaubt sind. Es kommt auf die Blickwinkel an und nicht, wie »heiß« und auffällig eine Story ist. Wer dazu beitragen möchte, daß Ausländerfreundlichkeit normal wird, sollte auch Normalität beschreiben können und nicht nur auf extreme Abweichungen verweisen.

Sozialpsychologische Sichtweisen

Die Vorurteilsforschung beschäftigt sich mit den Themen Vorurteile, Diskriminierung, Ethnozentrismus und ähnlichen. Es gibt daneben eigene Forschungsgebiete über Stereotypen und zum Abbau von Vorurteilen. Eine etablierte psychologische Rassismus- oder Rechtsextremismusforschung gibt es dagegen nicht. Die Vorurteilsforschung selbst ist ein sozialpsychologisches Feld. Das sozialpsychologische Moment wird schon in der Definition von Vorurteilen sichtbar. In einer allgemein weit verbreiteten Definition heißt es (bei Allport): »Ein ethnisches Vorurteil ist eine Antipathie, die sich auf eine fehlerhafte und starre Verallgemeinerung gründet. Sie kann ausgedrückt oder auch nur fehlerhaft gefühlt werden. Sie kann sich gegen eine Gruppe als ganze richten oder gegen ein Individuum, weil es Mitglied einer solchen Gruppe ist.« Die Definition enthält die klassischen Merkmale von Vorurteilen: Sie stellen Emotionen oder Affekte dar wie auch verzerrte und rigide Wahrnehmungsmuster, also Denkprozesse. Rassismus wäre davon als Ideologie *rassischer* Unterlegenheit fremder *Rassen* abzusetzen.

Vorurteile können von einfachen, subtilen Äußerungen und Stigmatisierungen *(die Asylanten)* bis zu extrem diskriminierenden Einstellungen *(Unterrasse)* reichen. Unklar ist, wo Vorurteile beginnen und wann sie in rechtsextreme Gewalt umschlagen, das heißt, sich Antipathie im Extrem des Fremdenhasses äußert und wann sie in Handlungen umschlägt. Nur ein Bruchteil von Vorurteilsträgern handelt ja gewalttätig, obgleich die Handlungen der wenigen oft von vielen beklatscht werden.

In der angeführten Definition wird nahegelegt, Vorurteile als individuelle Größe zu verstehen; eben eine individuelle Antipathie.

Dabei geht aber das sozialpsychologische Moment von Vorurteilen verloren. Es ist richtig, daß Individuen fremdenfeindliche Einstellungen haben, aber Vorurteile, Rassismus und Rechtsextremismus können auch als Produkt eines Konflikts zwischen Gruppen verstanden werden, dem sich die Individuen – quasi entpersönlicht – unterordnen. Zwei Pole also: Erklärung nach intrapersonalem Muster versus Erklärung nach intergruppalem Muster. Dazwischen liegen eine Reihe anderer Erklärungsmöglichkeiten. So besteht eine dritte Erklärungsvariante darin, die Vorurteile als Produkt der Auseinandersetzung zwischen zwei Personen (interpersonal) zu erklären. Es sind also viele Erklärungsvarianten möglich, die, für sich betrachtet, alle ihre besonderen Akzente, aber auch ihre Grenzen haben. Hier können nur exemplarisch Sichtweisen präsentiert werden, da die Darstellung hier dem Primat journalistischer Darstellungsformen (kurz, knapp, präzise) untergeordnet werden muß.

Vorurteile innerhalb der Person

Man könnte zur Erklärung von Vorurteilen weit zurückgreifen und annehmen, sie seien Ausdruck einer allgemeinen Angst von Menschen vor dem Fremden, vor dem Unbekannten, *den anderen*. Psychologisch daran wäre, daß die Angst aus der kindlichen Angst vor Fremden und/oder aus einer Verschiebung eigener nicht akzeptierter Eigenschaften auf *die anderen* resultiert. Der Blick dringt in das Individuum selbst. Fast zynisch läuft dann die Analyse von Vorurteilen gegen andere auf einen Blick auf uns selbst hinaus: Das Fremde und das Eigene in uns werden Thema. Vergessen wird, daß sich Vorurteile in konkreten Situationen gegen ganz bestimmte Gruppen und nicht gegen alles Fremde richten. Der Terror geht ja gerade nicht gegen alles Fremde, und von Angst vor Fremden kann kaum die Rede sein. Kaum nachweisbar erscheint auch, daß kindliche Fremdenangst die Ursache von spezifischen Vorurteilen ist, zumal Kinder auch genau das gegenteilige Verhalten zeigen. Auch Vergleiche mit dem Verhalten von Tieren lassen keine eindeutigen Schlüsse zu. Oft werden mit einem solchen Blick Täter zu Opfern oder zumindest zu Klienten gemacht: Die Fremden sind in ihrer Fremdheit Ursache.

Fremdenangst und Ausländerhaß geben derzeit die Täter vor Gericht oft als Grund ihres Handelns an. Sie zeigen damit, wie man Taten, die sie nicht alleine ausgedacht, geschweige denn durchgeführt haben, leicht rechtfertigen kann. Reicht das zur Erklärung? Reicht individuelle Therapie, denn das wäre die psychologisch richtige Intervention? Reicht die Beschäftigung mit uns selbst?

Andere psychologische Theorien, die nicht auf allgemeinmenschliche oder evolutionsbiologische Ursachen zur Erklärung zurückgreifen, richten den Blick auf die Persönlichkeitsstruktur, die Vorurteilsträger im Laufe ihrer Biographie ausbilden. Bereits in den fünfziger Jahren entwickelte ein Sozialpsychologenteam um Theodor W. Adorno in den »Studien zum Autoritären Charakter« die Theorie, daß vorurteilsbesetzte Menschen Individuen mit einer autoritären Persönlichkeitsstruktur sind, die besonders in Krisenzeiten hervorbricht. Vorurteilsbesetzte Menschen sind oft ichschwache Personen, die sich gleichsam blind Autoritäten unterwerfen, in Schwarzweißkategorien denken, kritiklos auf Recht und Ordnung bestehen, Andersartigkeit nicht ertragen. Solche Persönlichkeiten entstehen im Laufe der Kindheitsentwicklung, unter anderem bei zu autoritärer (also nicht antiautoritärer!) Erziehung durch die Eltern. Es stimmt, daß viele rechtsextreme Jugendliche und vorurteilsbehaftete Menschen autoritär-nationalistische Einstellungen zeigen, aber reicht der Rückgriff auf die Persönlichkeit? Einstellungen sind nicht dasselbe wie Charakterstrukturen, und autoritäre Persönlichkeiten erzeugen sich nicht selbst die Opfer ihrer Vorurteile beziehungsweise Aggressionen. Adorno und Mitarbeiter wiesen bereits darauf hin, daß Agitatoren gerne die Opfer präsentieren und die Persönlichkeit zu Vorurteilen motivieren. In vielen Studien zeigt sich auch, daß rechtsextreme Taten nicht Einzeltaten sind (zum Beispiel in einer Analyse von aktenkundig gewordenen Straftaten; Schumann, 1993). Viele rechtsextreme Täter leben auch in einem rechtsextremen Umfeld und definieren sich dadurch. Auch können viele individualpsychologische Analysen nicht die Beobachtung erklären, warum die meisten Straftaten von Männern begangen werden und auch in Umfragen Männer in stärkerem Ausmaß Vorurteile zeigen als Frauen. Vorurteile sind keine Zufallsprodukte.

Vorurteile in zwischenmenschlichen Beziehungen

Eine Reihe von psychologischen Erklärungen versucht, den Blick auf die Individuen aufrechtzuerhalten und dabei den engeren Kontext der Vorurteilsträger einzubeziehen, ohne auf Persönlichkeitsannahmen zurückzugreifen. Im Rahmen der Aggressionsforschung wurde etwa die Frustrations-Aggressions-Theorie bekannt, die in ihrer Erklärung von Vorurteilen auf Emotionen hinweist, die durch den sozialen Kontext entstehen: Demnach sind Vorurteile – wie Aggressionen – die Folge von Frustration, und Frustrationen führen zu Aggressionen. Eine Überarbeitung dieser Erklärung trägt der Beobachtung Rechnung, daß nicht jede Frustration tatsächlich zu Aggressionen führt. Die *Sündenbocktheorie* nimmt an, daß die Frustration, die nicht gegen die Aggressionsquelle (den Chef, der mich entläßt, den Staat) gerichtet werden kann, auf einen Sündenbock verschoben wird, der eine Ähnlichkeit mit der Frustrationsquelle hat. Diese Erklärung ist in der Öffentlichkeit und veröffentlichten Meinung sehr beliebt. Sie ist einfach: »Die Ossis sind frustriert, weil es nicht so vorwärtsgeht. Daher wälzen sie ihren Frust auf Asylbewerber ab.« Sie ist einfach, aber nicht überzeugend. Wieder wird das Problem in die (geschlechtsneutralen) Individuen verschoben, werden gesellschaftliche Vorurteile mit dem Frust von einzelnen erklärt. Ungeklärt bleibt die Frage, woher der Sündenbock kommt und wieso ihn so viele Menschen teilen. Die Frustrierten sprechen sich ja in der Regel nicht ab. Hinter den Vorurteilen der einzelnen scheint eine sozial geteilte, sozial bindende Kraft zu stecken.

Vorurteile als Gruppenkonflikt

Eine neuere Denkrichtung der sozialpsychologischen Vorurteilsforschung favorisiert den Blick auf das Individuum als Gruppenmitglied. Ausgangspunkt dieser Sichtweise waren Studien mit Jugendlichen, die Muzafer Sherif und Mitarbeiter in Ferienlagern in den USA durchführten. In den Studien zeigten die Sozialpsychologen, daß Vorurteile entstehen, wenn rivalisierende Schülergruppen um begrenzte Vorteile und Güter (Ressourcen) streiten, die eine Gruppe nur auf Kosten einer anderen Gruppe erhalten kann. Übertragen: Wenn Arbeitsplätze und Wohnraum begrenzt sind, entstehen Vorurteile der Deutschen gegenüber Ausländern. Diese Sichtweise genießt den Vorteil, daß sie nicht mehr in das Individuum hineinschauen muß, sondern Vorurteile dort erklärt werden, wo sie entstehen: im sozialen Kontext rivalisierender Gruppen. Allerdings vergißt sie, daß die meisten Ressourcen nicht begrenzt sind, sondern durch Politik begrenzt werden beziehungsweise den Vorurteilsträgern eingeredet wird, sie seien begrenzt. Psychologisch betrachtet, muß vor dem Konflikt um die begrenzten Güter außerdem erst ein Gruppenbildungsprozeß stattfinden. Die Bildung von Gruppen, das gemeinsame Handeln und die Zugehörigkeit wären also die wichtigsten Quellen der Vorurteilsbildung. Die britischen Sozialpsychologen Henri Tajfel und John Turner nehmen in ihrer »Theorie der sozialen Identität« an, daß Konflikte zwischen Gruppen – damit auch Vorurteile gegenüber Mitgliedern anderer Gruppen – dadurch entstehen, daß Menschen einen Teil ihrer Identität und Selbstdefintion aus der Zugehörigkeit zu bestimmten sozialen Gruppen – ihrer Eigengruppe – ableiten. Sie können ihre soziale Identität dadurch aufrechterhalten oder verbessern, daß sie ihre Gruppe von einer anderen Fremdgruppe positiv absetzen. Dabei spielt es keine Rolle, ob es die Gruppe, mit der sich Personen identifizieren *(die Deutschen)* oder von der sie sich abgrenzen *(die Asylanten)*, tatsächlich gibt: In dem Maße, wie ich mich als Deutscher definiere und von den anderen in Form von Vorurteilen und Rassismen abgrenze, wird meine soziale Identität als Deutscher gespeist. Der eigentliche soziale Konflikt wird nicht durch Fremdenangst, Charakterstrukturen oder Frustrationen erzeugt, sondern stellt sich als Konflikt zwischen Individuen als Gruppenmitgliedern dar. Ängste, Identität, Fremdenfeindlichkeit sind Produkte sozialer Identifizierungs- und Abgrenzungsprozesse. In einer Reihe von Studien können wir zeigen, daß solche Prozesse der Abgrenzung zwischen Gruppen oft durch ein Gefühl der sozialen Deprivation motiviert werden: dem Gefühl, daß es der Eigengruppe im Vergleich zur Fremdgruppe (»die Asylanten leben wie die Maden im Speck, und wir müssen unser Brot sauer verdienen«) schlechter geht.

Moderne Vorurteile

Wenn von Vorurteilen die Rede ist, denkt man zunächst an die offensichtlichen Vorurteile. Die sozialpsychologische Vorurteilsforschung in den USA beobachtet seit längerem, daß heute viele Vorurteile subtiler geäußert werden. Vorurteile äußern sich nicht als offener Gruppenkonflikt, sondern lassen die Differenz der eigenen Gruppe zur Fremdgruppe neutraler erscheinen: »Die anderen bekommen ausreichend Hilfe, jetzt reicht es. Die sollen sich erst einmal anpassen.« Die Differenz zwischen *denen* und *uns* bleibt erhalten, die soziale Identität, die aus der Eigengruppe bezogen wird, bleibt positiv. Sie muß auch nicht mehr über »rassische« Merkmale erzeugt werden. Es reicht, darauf zu verweisen, daß die anderen unterschiedlich in ihrer Kultur, ihrem Brauchtum, ihrer Lebensweise sind. Oft genug zeigt sich, daß die Opfer von Vorurteilen als Bedrohung und Störung der eigenen Lebensweise wahrgenommen werden. Fremd wird so alles, was als nicht angepaßt gilt. So kann selbst »Schwulen-Klatschen« noch zur Stützung brüchiger Identitäten beitragen.

Jenseits der Psychologie

Bereits zu Beginn wurde darauf verwiesen, daß der psychologische Blick alleine nicht reicht. Die Gruppen, aus denen die soziale Identität abgeleitet wird, müssen für die Individuen nicht konkret sein. Sie können eingebildet, künstlich erzeugt sein – Deutschtum ist letztendlich nur eine Hilfskonstruktion, die um so stärker wirkt, je desorientierter die Individuen sind. Ebenso kann die Fremdgruppe konstruiert sein (siehe obiges Beispiel, die *Roten* versus die *Blauen*; Beitrag Groebel). Die Psychologie mag die Ursachen des Konflikts auf individueller Seite – eben als Identitätsphänomen – erklären können; sie benötigt aber Analysen darüber, wie die Gruppen, mit denen wir uns identifizieren, geschaffen werden. Daß wir unsere soziale Identität, unseren Ort, unsere Heimat aus der Zugehörigkeit zur Gruppe der Deutschen ableiten und sie zudem noch aufrechterhalten können, indem wir uns von den *Asylanten*, *Ausländern* und so weiter abgrenzen, muß uns erst nahegelegt (eingeredet) werden. Es müssen Normen darüber, wer fremd ist und in welchen Aspekten die anderen fremd sind, gebildet werden. An dieser Stelle gleitet der psychologische Blick in einen soziologischen und journalistischen Blick über. Bevor sich Vorurteile und Rassismen auf einer psychologischen Seite ausbilden und verfestigen, wirken gesellschaftlich-normative Einflüsse auf das Individuum. Erst wenn geklärt ist, wer die Eigen- und Fremdgruppen wie anbietet, kann eine psychologische Analyse erfolgen.

Und erst am Ende kann die eingangs erwähnte Frage geklärt werden, wie Vorurteile in Taten umschlagen. Ein sozialpsychologisches Modell nimmt an, daß Handlungen durch Handlungsintentionen bestimmt werden. Die Intentionen werden durch die positive oder negative Bewertung des Verhaltens beeinflußt. Die Verhaltensabsicht wird außerdem durch die subjektive Norm beeinflußt, also durch den sozialen Druck, das Verhalten auszuführen oder zu unterlassen. Diese Norm wiederum wird durch das, was ein Individuum denkt, daß seine Gruppe von ihm erwartet, und von seinem Willen, diesen Erwartungen zu entsprechen, beeinflußt. Hinzu kommt, daß die Erwartungen hinsichtlich der Bewertung einer Tat in der Öffentlichkeit, Kontrollerwartungen, in die Entscheidung einbezogen werden können, eine Aktion zu begehen oder nicht. Solche Kontrollerwartungen, soziale Normen und Handlungsintentionen werden nicht von Individuen in einem sozialen Vakuum produziert. Die Gesellschaft definiert und produziert sie. Sie werden öffentlich, indem sie veröffentlicht werden. Die Rolle der Medien in diesem Prozeß ist evident, und zugleich sind die Medien Spiegel der Normen. Soll Ausländerfreundlichkeit eine soziale Norm werden, muß sie sich dort wiederfinden lassen.

Rassismus als Darstellungsform

Eine Universalerklärung von Vorurteilen, Rassismus oder Fremdenangst kann nicht gegeben werden. Es kommt außerdem sehr darauf an, was beobachtet und erklärt werden soll: die alltägliche Diskriminierung, der Rechtsextremismus, die schleichenden Vorurteile? Der britische Soziologe Robert Miles definiert Rassismus als »Darstellungsform des anderen«. Er meint damit nicht jede Darstellungsform, sondern zum Beispiel solche Formen, die

andere erniedrigen, ausgrenzen und rassisch unterordnen. Die Darstellungsformen werden von uns hergestellt, und besonders von jenen, die sie verbreiten können. Wenn derzeit in manchen Zeitungen der Aufruf, die Fremden zu mögen, verbreitet wird und dazu ein Bild von Türken oder Schwarzen (Fremde?) gereicht wird (»sie sind ganz nett«), dann ist vielleicht schon eine neue rassistische Darstellungsform in Arbeit. Sie muß nicht direkt offensichtlich rassistisch werden, manchmal geschieht das später. Es scheint bisweilen, daß uns derzeit die extremistisch orientierten Jugendlichen die Darstellungsformen sichtbar machen. Das entschuldigt nichts. Auch Erklärungen für fremdenfeindliche Taten und Vorurteile wirken als Darstellungsformen. Sie können Gruppentaten als pathologische Einzelfälle *(Verrückte)* herunterspielen, Straftaten als Notwehr *(Selbstjustiz)* oder Politikverdrossenheit legitimieren, die Hauptverantwortlichen und Propandeure verstecken, Opfer zu Tätern machen *(Asylstrom)*. Bertolt Brecht hat einen Fragenkatalog zur »Darstellung von Sätzen in einer neuen Enzyklopädie« verfaßt, der auch als kleiner Test zur Kontrolle der eigenen Erklärung von Vorurteilen und Rassismen herangezogen werden kann, ersetzt man nur das Wort »Satz« durch »Vorurteile und Rassismen«:
»1. Wem nützt der Satz? 2. Wem zu nützen gibt er vor? 3. Zu was fordert er auf? 4. Welche Praxis entspricht ihm? 5. Was für Sätze hat er zur Folge? Was für Sätze stützen ihn? 6. In welcher Lage wird er gesprochen? Von wem?«
Beachten wir wirklich alle diese Fragen, wenn wir erklären, warum derzeit Fremdenfeindlichkeit in Deutschland grassiert, Behinderte, Obdachlose, Türken, vermeintlich Nichtdeutsche verspottet, beschimpft und geschlagen werden?

Werner Bohleber

Fremdenangst und Fremdenhaß

Psychoanalytische Anmerkungen

Fremdenhaß, Rassismus, Antisemitismus und Nationalismus sind irrationale und nicht selten wahnhafte gesellschaftliche Erscheinungen. Sie haben tiefe Wurzeln im Unbewußten der Menschen. Mit Hilfe einer psychoanalytischen Betrachtung können aufklärende Einsichten vermittelt werden, die sonst eher verstellt bleiben, wobei aber nicht der Anspruch erhoben wird, damit den tiefsten Kern dieser Phänomene beschreiben oder erklären zu können; vielmehr gilt es, neben historischen, gesellschaftlichen, politischen und ökonomischen Bedingungen die individuellen und gruppenpsychologischen Faktoren zu berücksichtigen.

Die Entwicklung der Wahrnehmung des Fremden

Die Fähigkeit zur Selbst- und Fremdwahrnehmung gehört in die Frühphase der individuellen Entwicklung; sie ist das Ergebnis von vielschichtigen Interaktionsprozessen zwischen dem Kind und seiner engsten Umgebung. Ich beschränke mich im folgenden auf einige für unseren Zusammenhang bedeutsame Entwicklungsstufen:

Im ersten halben Jahr seines Lebens entwickelt der Säugling eine enge, unverwechselbare, vertraute Beziehung zur Mutter und den anderen Personen der engeren Familie. Ungefähr im 8. Monat tritt bei ihm unterschiedlich stark Angst vor Fremden auf, die nicht zum Umkreis der Familie gehören. Der Fremde ist einerseits jemand Neues, Interessantes, und damit anziehend und begehrenswert, andererseits aber auch furchterregend. Welche der beiden Regungen vorherrscht, hängt sehr eng mit der Qualität der Bindung an die Mutter zusammen. Die auftretende Angst stammt nicht aus einer unangenehmen Erfahrung mit einem Fremden, sondern sie ist eine Reaktion darauf, daß das Gesicht nicht das der vertrauten Mutter ist. Die frühe Fremdenfurcht ist im Kern Trennungsangst und Angst vor Objektverlust. Entwickelt sich die Beziehung zur Mutter befriedigend, so ist sich

das Kind dieser Beziehung relativ sicher und kann sich mit ver-
trauensvoller Erwartung der Umwelt zuwenden und den Fremden mit Neugier und Verwunderung erforschen. Darauf hinzu-
weisen ist wichtig, um Theorien entgegenzuwirken, die zur
Erklärung von fremdenfeindlichen Reaktionen eine dem Menschen angeborene Fremdenfurcht heranziehen.

Die ödipale Krise erzwingt, Dreierbeziehungen über die enge Beziehung zur Mutter hinaus zu akzeptieren. Dies schafft die emotionale Bereitschaft, unterschiedlichste Beziehungsformen aufrechterhalten zu können. Andersartigkeit und Fremdes können
anerkannt und müssen nicht als bedrohlich ausgeschlossen werden. Das Kind nimmt zwischen 4 und 7 Jahren zunehmend Unterschiede zwischen der eigenen Gruppe, der es angehört, und
ethnischen Fremdgruppen wahr. Dabei übernimmt es die Ideen
und emotionalen Einstellungen seiner Bezugspersonen gegenüber dem Fremden. Verinnerlicht und generalisiert bildet sich
ein kognitiv-affektives Bild des Fremden, das in sich zwiespältig
und sowohl mit Neugier als auch mit Angst assoziiert ist.

In der Adoleszenz ermöglicht die kognitive und affektive Reifung
eine Dezentrierung des Subjekts und einen Perspektivenwechsel,
durch den der Jugendliche sich mit den Augen eines anderen,
eines Fremden, wie von außen, betrachten kann. Außerdem ver-
helfen ihm Beziehungen zur außerfamiliären, fremden kulturellen Umwelt, sich von den nahen Bezugspersonen zu lösen und
eine eigene Identität aufzubauen. Ein labiles inneres Gleichgewicht und eine unsichere Selbst-Identität haben dagegen eine
intensive Fremdenangst zur Folge.

Die bisherigen Ausführungen bezogen sich auf die Entwicklung
einer Fremdenrepräsentanz, die mehr umfaßt als das ethnisch
Fremde. Das Bild des ethnisch Fremden kann im Seelenleben des
einzelnen eine spezifische Funktion übernehmen, die, kurz gesagt, der Entlastung von Spannungen dient; diese Funktion ist
zum Verständnis des Fremdenhasses unerläßlich. Die Schwierigkeiten im Umgang mit dem Fremden stammen nicht daher, daß
das Ethnische mit starken Affekten aufgeladen ist, sondern daß
die Affekte, die es auf sich zieht, oft archaisch und undifferenziert
sind und nicht durch den Einfluß von Reflexion und Verstand
modifiziert oder gemildert werden. Vor allem die Fähigkeit,

widersprüchliche und zwiespältige Gefühle und Erfahrungen zu
akzeptieren, ist von Regression bedroht und macht einem Erleben Platz, das alles Störende und Belastende nach außen zu
schaffen sucht, um es in anderen unterzubringen. Man bedient
sich dabei eines seelischen Mechanismus, der Projektion. Der
ethnisch Fremde erweist sich nun als ein überaus passendes Ziel
solcher Veräußerlichung innerer Zustände.

Die seelische Entlastungsfunktion des Fremden

Der Fremde ist weder Freund noch Feind. Er steht dazwischen,
denn ihn charakterisiert etwas Unentschiedenes, nicht Festgeleg-
tes und Unbestimmtes. Er steht auf der Grenze. Die Nichtdeter-
miniertheit des Fremden ist seine Potenz: Weil der Fremde nichts
ist, kann er alles sein. Dies prädestiniert ihn zu einem idealen
Objekt der Projektion. Vertraute Muster und Eigenschaften werden in das Bild des nicht-definierten Fremden hineinprojiziert
und verwandeln ihn in ein Objekt unserer eigenen Welt. Er wird
dadurch zum Freund oder Feind oder auch zu beidem. Das Bild
des Fremden kann die unterschiedlichsten und widersprüchlich-
sten Inhalte in sich aufnehmen.

In seiner Gestalt finden viele für ihre eigenen archaischen, nie
ganz domestizierten Triebwünsche einen äußeren Repräsentan-
ten, entlasten dadurch ihr Seelenleben und verwandeln einen inneren Konflikt wieder in einen äußeren. So werden die Fremden
und Asylsuchenden bezichtigt, faul und dreckig zu sein, gierig
und schmarotzend, auf Kosten anderer zu leben, andere zu be-
trügen, sexuell verführend und gewalttätig zu sein. Gelingt es,
Abkömmlinge dieser Wünsche aus der Innenwelt zu verbannen
und das Unannehmbare in der Figur des Fremden zu lokalisieren,
kann es in ihm verfolgt und kontrolliert werden und befreit den
so Handelnden davon. Das Ergebnis ist ein Gefühl narzißtischer
Integrität und ein inneres Wohlbefinden. Dieser seelische Ab-
wehrmechanismus erfordert allerdings einen hohen Preis: Die
realistische Wahrnehmung der Wirklichkeit, der Mitmenschen
und der eigenen Innenwelt geht verloren. Eine veränderte Rea-
litätswahrnehmung entsteht, die durch Erfahrung nicht mehr
korrigierbar ist und eine Pseudo-Realität schafft, die Ablehnung,

Haß und Aggression gegen Fremde rechtfertigt. Die Fremdenangst hat sich zur Fremdenfeindschaft gewandelt. Erst wenn wir
die Zwiespältigkeit unserer Gefühle, die der Fremde in uns auslöst, anerkennen und sie bewußt ertragen, können wir dem
Fremden ohne große Abwehr gegenübertreten. Voraussetzung
und Ergebnis dieser seelischen Integration ist eine stabile und
gleichzeitig flexible Identität. Auf diese Weise kann der Fremde
in seinem Anderssein wirklich wahrgenommen und über Einfüh-
lung annähernd verstanden werden. Die Integration eigener
Fremdenangst macht es dann auch möglich, Ängste von Menschen, die Fremden gegenüber feindselig reagieren, zu verstehen
und eine offene Auseinandersetzung mit ihnen zu führen.

Objekte eines verschobenen Hasses

Gegenwärtig kann man in Deutschland immer wieder den pau-
schalen Vorwurf hören, die Ausländer mißbrauchten das soziale
System der Bundesrepublik. Die Flüchtlinge bekämen Jobs,
Geld, lebten auf Kosten der Deutschen und nutzten sie aus. Was
sich hier als Vorstellungswelt entfaltet, ist der Traum von einer
Versorgung ohne eigene Anstrengung. Der Staat wird darin zu
einer kollektiven mütterlichen Ernährerin, und die Fremden und
Ausländer werden zu adoptierten, aber bevorzugten Geschwistern, auf die eigene orale Wünsche, Gier und ausbeuterische Impulse projiziert werden. Wir wissen aus psychoanalytischen Be-
handlungen, daß Beseitigungswünsche gegen Geschwister auf
der individuellen Ebene stets eine unbewußte, mächtige Quelle
bilden, aus der sich Fremdenhaß speist. Die Fremden erwecken
als unbekannte und fremdartige Wesen tiefsitzende primitive,
ungelöste Feindseligkeiten, die ursprünglich gegen jüngere Ge-
schwisterfiguren oder gegen jeden gerichtet waren, dem unter-
stellt wurde, in die als rechtmäßiges Eigentum empfundene
Sphäre eindringen zu wollen.
Die sozialen und politischen Auseinandersetzungen in Deutschland und die große Anzahl der Asylsuchenden verquicken sich
mit den Problemen der staatlichen deutschen Einigung. Statt
eines Gefühls gegenseitiger Solidarität beginnt das Bewußtsein
entgegengesetzter Interessen zwischen Ost- und Westdeutschen

vorzuherrschen. Ein »geschwisterlicher« ökonomischer Verteilungskampf zwischen Ost- und Westdeutschen bestimmt die soziale Realität. Eine illusionäre Überschätzung der Wirtschaftskraft und ein damit verknüpfter »DM-Nationalismus« (Habermas) sind zwischenzeitlich einer Enttäuschung und Wut im Osten sowie einer Angst vor dem Verlust des erreichten Wohlstands im Westen gewichen. Neueste Meinungsumfragen zeigen, daß sich die Fremdheit zwischen Ost- und Westdeutschen verstärkt, anstatt abzunehmen. Rivalität und Abneigung können nicht offen gegeneinander geäußert werden, sondern die sozialen Spannungen verstärken die Wahrnehmung der Fremden als vom Staat ohne Gegenleistung Versorgter und machen sie zu Sündenböcken für die Verteilungskonflikte und narzißtischen Kränkungen. Trotz all der riesigen ökonomischen und sozialen Probleme der Vereinigung galt 1992 die erste und größte Sorge der Deutschen der stark angestiegenen Zahl von Asylbewerbern. Zu ausbeuterischen Angreifern auf den hiesigen Wohlstand gemacht, werden sie zu Objekten eines verschobenen Hasses, der eigentlich den Deutschen selbst gilt.

Reinheitsvorstellungen und Fremdenhaß

Durch die Projektion wird Bedrohliches und Unerwünschtes aus dem Inneren hinausgeworfen, das eigene Haus wird sauber und rein. Bedürfnisse nach Reinheit und Homogenität halten diese Dynamik in Gang, und ihre Abkömmlinge fließen auch in Phantasien über Gemeinschaft und Heimat ein. Diese nationalen Vorstellungen haben eine hohe affektive Valenz, deren Berücksichtigung für das Verständnis des Fremdenhasses unerläßlich ist. Ein primitiver Hunger nach Gemeinschaft und eine Sehnsucht nach Verschmelzung mit dem kollektiven Ganzheitsobjekt der Nation kennzeichnet die rechtsextreme Ideenwelt. Rechtsextreme sind auf der Suche nach nationalen symbolischen Objekten, die sie geradezu verschlingen, um sich mit ihrem Glanz und ihrer Stärke zu identifizieren. Das individuelle, sich schwach und isoliert fühlende Selbst wird dadurch ungemein erweitert und narzißtisch aufgebläht. Es ist eine vereinheitlichende narzißtische Identifizierung, die alle als Deutsche durch die Teilhabe am mütterlichen Objekt der Nation zu identischen Gliedern macht. In der Ideenwelt über die Nation herrschen Wünsche vor, etwas zusammenzufügen und Zerissenheiten und Isolierungen zu überwinden. Die Angst vor Vermischung mit den Fremden ist eine Hauptangst aller rassistischen Fremdenfeinde. Vermischung wird als Bedrohung der persönlichen Identität erlebt. Die Vorstellung wird von Ängsten beherrscht, ein einheitliches Ganzes löse sich auf oder würde zersprengt.

Reinheitsvorstellungen, Verschmelzungsphantasien und Gewalt sind eine brisante politische Mischung, die eine Radikalisierung in sich trägt und nicht bei der Entfernung von Fremden stehenbleibt. Der Drang nach Vereinheitlichung duldet nichts Abweichendes und anderes. Es wird zum Objekt von Haß und Vernichtung. Neben Ausländern und Asylsuchenden werden daher Behinderte und Obdachlose vermehrt Opfer von gewalttätigen Attacken rechtsradikaler Jugendlicher. Homogenitätsphantasien benötigen, um aufrechterhalten werden zu können, immer wieder von neuem abweichende andere, die Haß und Verfolgung ausgesetzt sind.

Heterogenität sowie Anwesenheit von Fremden, die ambivalente Gefühle hervorrufen und innere Spannung erzeugen, erscheinen nicht erträglich. »Innen« und »außen« werden affektiv mit »gut« und »böse« verquickt. Gut ist alles, was zur eigenen Gruppe gehört, das Böse und Schlechte wird in den Ausgeschlossenen, den Fremden lokalisiert. Der Ausländer wird dann zum Negativbild und sichert die kollektive Identität. Idealität, die keine Abweichung dulden mag und zur Idylle wird, sowie verfolgende Gewalt gehören zusammen und sind oft zwei Seiten einer Medaille.

Fremdenhaß und Gewalt rechtsextremer Jugendlicher

Die Loslösung von der Familie verbindet sich für den Jugendlichen damit, Vorstellungen von einer eigenen Lebensweise, eine Weltanschauung und politische Überzeugungen zu entwickeln. Er muß eine eigene Identität ausbilden. Weltanschauung und politische Ideologien haben eine besondere Bedeutung in der adoleszenten Identitätsbildung. Sie sind eine der Erweiterungen, deren Erwerb und Ausgestaltung den Jugendlichen über die

Familie hinausführt und in das gesellschaftliche Leben integriert. Politische Ideologien eignen sich in besonderer Weise zur Externalisierung von unlösbaren inneren Konflikten des Jugendlichen. Ein inneres Drama wird auf die äußere Bühne verlagert. Geeignet sind dafür vor allem Ideologien, die ein dualistisches Weltbild haben, ein Freund-Feind-Denken mit eindeutigen Zuschreibungen von Gut und Böse.

Diese Weltbilder sind in der Entwicklung des Jugendlichen doppeldeutig. Einerseits helfen die jugendliche Entschiedenheit, die Kompromißlosigkeit und das Entweder-Oder-Denken, sich loszureißen und eigene Standpunkte einnehmen zu können, andererseits besteht die Gefahr, daran fixiert zu bleiben. Dies droht vor allem, wenn massive Haß- und Enttäuschungsgefühle vorhanden sind, die soziale Einbindung nicht funktioniert und der Jugendliche sich entwertet fühlt. Dann liefern politische Ideologien Denk- und Handlungswege, die ihm als Ausweg aus unlösbar erscheinenden Problemen imponieren, aber den Weg zu einer reifen Individuation abschneiden. Anstatt sich selbst daran abzuarbeiten, definiert nun die Ideologie beziehungsweise die Gruppe, die sie vertritt, was richtig und was gut beziehungsweise böse ist. Die Gruppennormen treten an die Stelle eines individualisierten Über-Ichs. Der schmerzhafte Weg zur Individuierung unterbleibt. Reife seelische Kompromißlösungen, Amalgamierungen von Gut und Böse und das Ertragen von Ambivalenzen werden damit verhindert. Statt dessen unterliegen sowohl die innere als auch die äußere Welt einer Spaltung. Auf der einen Seite existieren ideale geliebte Objekte, zu denen man gehört und die man besitzen will, auf der anderen Seite befinden sich Haßobjekte, die verfolgt und zerstört werden können. Eine fanatisierte Kompromißlosigkeit, nicht nur in politisch-gesellschaftlichen Bereichen, ist die Folge.

Rechte Parteien sind Weltanschauungsparteien; ihre Weltsicht mit ihrem Freund-Feind-Denken, ihrer Idealisierung der eigenen Nation und der Verteufelung des Fremden eignet sich für verunsicherte, orientierungslose Jugendliche in besonderer Weise, um eigene Probleme und private Phantasiewelten zu absorbieren. Im Kampf um einen Platz in der Gesellschaft bietet das Zugehörigkeitsgefühl zur Nation einen einfachen narzißtischen Gewinn und schafft Entlastung von sozialen Problemen und inneren Konflikten. Ein Deutscher zu sein, liefert eine naturwüchsige Zugehörigkeit, die einem keiner nehmen kann. Magisch-illusionäre Einheit mit anderen Deutschen, die Teilhabe an einem deutschen Gruppen-Selbst, an dessen Kraft und Macht er angeschlossen ist, entheben den Jugendlichen konkurrierender Auseinandersetzungen und eigener Verunsicherung. Indem er den Fremden haßt und ausschließt, projiziert er eigene Kleinheits- und Minderwertigkeitsgefühle auf diesen und hält sie von sich fern. So bildet der Fremdenhaß für Jugendliche die Brücke für den Gang nach rechts. Sie übernehmen damit politische und ideologische Doktrinen und schlüpfen in eine »synthetische Identität« (Erikson), die durch einen extremen Nationalismus und Rassismus bereitgestellt wird. Stabilisiert wird diese künstliche Identität durch die kollektive Verdammung eines gänzlich stereotypisierten Feindes.

Jugendliche Rechtsextreme und ihr Reflex in den Medien

Zum Schluß möchte ich noch einige Anmerkungen zur öffentlichen Auseinandersetzung mit der jugendlichen rechtsextremen Gewalt und deren Darstellung in den Medien machen. Gesellschaftliche Ausgrenzung und Vorführung von rechtsradikalen Jugendlichen als kleine Monster in den Medien verschaffen diesen eine narzißtische Bestätigung, verhindern aber eine differenzierte Auseinandersetzung, die notwendig ist, um nicht alle an Angriffen und Krawallen beteiligten Jugendlichen als neonazistische Überzeugungstäter dingfest zu machen und damit bei den Jugendlichen erst eine politische Identität zu befestigen, die so noch gar nicht geformt war. Die Frage ist auch, ob nicht die Gesellschaft ihre eigenen Probleme mit Zuwanderung und Zusammenleben an die Jugendlichen delegiert und dort abhandelt. Indem der Blick auf die Jugendlichen gerichtet wird, lenkt man von der Mitte der Gesellschaft ab, die dieses Treiben ermöglicht und ihm keinen wirksamen Einhalt gebietet. Das Problem wird auf Distanz gebracht, und es wird verdunkelt, daß diese Jugendlichen ein Teil unserer Gesellschaft sind. Die Fragen nach der

Kontinuität und Verbindung zu uns selbst müssen so nicht gestellt werden: weder die nach den Versäumnissen in Erziehung und Schule, noch die nach der Auseinandersetzung mit der Gewalt und ihrer Darstellung beziehungsweise ihrer Akzeptanz in der Öffentlichkeit.

Neben Empörung, Abscheu und Verurteilung der Täter und ihrer Taten konnte man häufig Kennzeichnungen als *Nazi-Kids* oder *Nazi-Fratzen* in den Medien finden. In diesen von distanzierendem Abscheu geprägten Wertungen zeigt sich einmal mehr die Dreigenerationendynamik, in der sich dieses Problem entfaltet. Aus Enttäuschung über die soziale Realität, für die die Elterngeneration verantwortlich gemacht wird, idealisiert so mancher Jugendliche eine nationalsozialistische Großvätergeneration, deren Angehörige als unverdächtige Gewährsmänner für eine von der Elterngeneration inkriminierte Vergangenheit stehen und zur Gegnerschaft gegen die herrschenden gesellschaftlichen Verhältnisse herangezogen werden. Werden diese Jugendlichen von Erwachsenen als *Nazi-Kids* bezeichnet, geht es nicht nur um die Einordnung ihrer politischen Einstellungen als rechtsextrem, sondern dabei wird auch die Auseinandersetzung der zweiten Generation mit ihrer eigenen Elterngeneration wieder aktiviert. Sie droht die realistische Wahrnehmung der dritten Generation zu überwältigen. Versuche, Psyche und Motive dieser Jugendlichen zu verstehen, werden allzu leicht mit dem Vorwurf belegt, man versuche, Täter zu entschuldigen. Es ist der alte anklagende Zorn auf die Tätergeneration der *Nazi-Eltern*, der hier mitschwingt und vergessen macht, daß es die Generation unserer Kinder ist, die jetzt uns in die Verantwortung nimmt.

Jürgen Link

Sprachliche Benennungen und neo-rassistische Mentalitäten in Deutschland

Seit dem Herbst 1991 (Stichwort Hoyerswerda) lebt Deutschland mit einem wahrhaft entsetzlichen Phänomen: Ein nicht unerheblicher Teil seiner männlichen Jugend findet es ganz offensichtlich auf Dauer legitim und normal, als Ausdruck von Frust Einwanderer und Flüchtlinge »auszuräuchern«. Seither stellen die deutschen Eliten die Frage nach den Ursachen – allerdings immer noch eher selten als Frage nach den deutschen Besonderheiten dieses entsetzlichen Phänomens. Noch immer verweist man statt dessen darauf, daß es auch in anderen westlichen Ländern Rassismus gebe (Stichwort Le Pen). Nirgendwo sonst gibt es aber so viele sehr junge Männer, die das »Ausräuchern« als normal betrachten und die dabei keinerlei Bewußtsein von Feigheit haben (obwohl hauptsächlich schlafende Frauen und Kinder die Opfer sind). Dieses Phänomen gilt es in seiner entsetzlichen Besonderheit zu erklären. Jede Denkfaulheit in dieser Frage macht sich mitschuldig, weil sie dazu beiträgt, das Entsetzliche zum Allerentsetzlichsten weiterzuentwickeln: zu einem Lande, in dem auch die »schweigende Mehrheit« es zunehmend als normal empfindet, daß von Zeit zu Zeit junge Männer »ihren Frust durch Ausräuchern ausdrücken«.

Die Verankerung der jungen Rechtsextremen in der deutschen Gesellschaft

Ganz sicher sind Erklärungen grundfalsch, die die Täter von der übrigen Gesellschaft abspalten. Es kann einfach nicht zutreffen, daß die »spontan« Feuer legenden neuen Rechtsextremen wie ein isolierter Fremdkörper in der deutschen Gesellschaft existieren. Wir müssen statt dessen, ob uns das angenehm ist oder nicht, nach ihrer Verankerung in der Gesellschaft fragen. Die stereotype Antwort *Haß und dumpfe Wut* erklärt überhaupt nichts. Es geht darum, die Dumpfheit zu durchleuchten. Warum immer und immer wieder Feuer? Ganz offenbar wegen der Vorstellung des

Ausräucherns. Warum keinerlei Gefühle von Feigheit – und das bei jungen Männern, die sich als *besonders tapfere Deutsche* sehen und in aller Regel von militärischen Karrieren träumen? Ganz offenbar, weil sie in ihrer Vorstellung Ungeziefer und Parasiten ausräuchern. Genau das ist offenbar ihre Vorstellung, wenn sie von »Kanaken« reden (vermutlich denken sie dabei unbewußt oder halbbewußt an Kakerlaken). Warum vor allem Frauen und Kinder? Weil Frauen die Vermehrungsfähigkeit der »Kanaken« symbolisieren, Kinder deren Produkte sind.

Man wird diese Rekonstruktion entsetzlich finden – als ob andere als entsetzliche Ursachen für entsetzliche Taten zu erwarten wären. Mehr noch: Wir müssen nun auch noch fragen, auf welche Weise solche entsetzlichen Vorstellungen möglicherweise in der deutschen Mehrheitskultur Verankerung finden können. Dabei kann meines Erachtens eine Analyse typischer Benennungen Aufschluß geben. Meine These ist folgende: Eine Analyse der sprachlichen Benennungen zeigt in Deutschland eine besonders krasse Mentalität der Ausgrenzung von Zuwanderern und der »Reinheit« der eingesessenen Bevölkerung. Schon die sprachliche Landschaft deutet, wie sich zeigen wird, als Symptom auf eine besonders krasse Integrationsunwilligkeit auf Seiten der Eingesessenen, einschließlich ihrer Eliten.

Statt »Einwanderer und Flüchtlinge« »Ausländer und Asylanten«

Ich habe oben von Einwanderern und Flüchtlingen gesprochen. Das war zwar schönes Deutsch (das Deutsch Goethes), es würde heute aber von deutschen Medienleuten und Politikern niemals so formuliert werden. Es entspricht wörtlich den Formulierungen anderer westlicher Sprachen *(immigrants and refugees, immigrés et réfugiés)* – in Deutschland sagt »man« das aber praktisch nie so. Was sagt »man« statt dessen in Deutschland? Zunächst *Ausländer.* Man sagt in Deutschland in aller Regel *Ausländer,* wo man im Westen *Einwanderer* sagen würde. Dafür ist die deutsche politische Klasse in erheblichem Maße mitverantwortlich, weil sie über Jahrzehnte beim Stichwort Einwanderer wie ein Pawlowscher Hund aufjault: »Deutschland ist kein Einwanderungsland.«

Diese stereotype Ausgrenzungsgeste der politischen Klasse hat das Goethesche Wort Einwanderer in Deutschland zu einem Unwort gemacht. Statt dessen eben Ausländer. Statt »Ein-« also »Aus-«. Hat sich irgendein Medienmann oder ein Politiker schon einmal gefragt, warum die Neonaziszene so starke Lustgefühle bei dem Slogan »Ausländer raus« entwickelt? Das ist eine rhythmische Formel, die von »Aus« und »raus« eingerahmt ist, so daß sich Anfang und Ende perfekt reimen. Es ist also der perfekte »fundamentalistische« Gestus der neorassistischen Ausgrenzungsmentalität in Deutschland.

Ich muß an dieser Stelle präzisere Belege geben. Ich zitiere also ausführlich einen Leitartikel der »Frankfurter Allgemeinen Zeitung« vom 2.12.1982: »(...) Anscheinend soll hierzulande nicht zum Bewußtsein kommen dürfen, daß es verschiedene Grade von Fremdheit gibt und daß das Zusammenwohnen mit den besonders Fremden naturgemäß – genauer gesagt: kulturgemäß – am schlechtesten funktioniert. Mit den Ost-, den Süd- und den Südosteuropäern in der Bundesrepublik geht es ziemlich gut; sogar ein paar italienische Mafiosi lassen sich noch verkraften. (...) Aber ›außen vor‹ sind vor allem die Turk-Völker geblieben – dazu Palästinenser, Maghrebinen und andere aus ganz und gar fremden Kulturkreisen Gekommene. Sie, und nur sie, sind das Ausländerproblem der Bundesrepublik. (...) Sie sind nicht zu integrieren: subjektiv wollen sie es nicht, und objektiv können sie es nicht. Sie haben ein Ghetto gebildet und zumindest einen der Westberliner Stadtbezirke zu einer türkischen Großstadt werden lassen, die für Deutsche praktisch unbewohnbar geworden ist. In der mauer- und stacheldrahtumzogenen Inselstadt ist die Lage besonders unerträglich. (...) Die offenkundig unerträgliche Situation wenigstens so zu nennen ist schon eine Hilfe. Aber noch keine Abhilfe. Gebessert kann sie nur mit radikalem Stopp des Zuzuges aus den fremden Kulturkreisen und mit allmählicher Verringerung der Zahl der Allzufremden in der Bundesrepublik werden. Dazu sind neben Entschlossenheit auch Phantasie, guter Wille und vor allem viel Geld nötig. Aber geschehen muß es.«

Ein »*Kulturkreis*« ist nach außen abgegrenzt

Dieser Leitartikel ist typisch für die Art, wie die mediopolitische Klasse, die sich als Mitte definierende Mainstream-Schicht in Deutschland, das »Ausländerproblem« jahrzehntelang beredet hat. Statt Einwanderung sagt man »Ghettobildung« (als ob niemand sich erinnerte, wer früher in diesem Lande der »Ghettobildung« bezichtigt wurde und mit welchen Konsequenzen). Man statuiert »außen vor« und fordert »Radikalität« mit »Phantasie« und äußert sich dann empört, wenn von *Schreibtischtätern* die Rede ist. Noch symptomatischer ist aber das Wort *Kulturkreis*. Wiederum handelt es sich um eine deutsche Besonderheit gegenüber dem Westen. Im Westen ist einfach von Kulturen die Rede und logischerweise dann von *Multikultur*. Kein anderes Wort hat die Mehrheit der mediopolitischen Klasse in Deutschland derartig in Rage gebracht wie eben das Wort von der Multikultur. Das erklärt sich sofort durch ihr Lieblingswort vom Kulturkreis. Ein Kulturkreis ist klar und deutlich *(abgezirkelt)* nach außen abgegrenzt. Es ist kein *Flickenteppich* – wie der *Multikulturalismus* diffamiert wurde. Ein Kulturkreis ist innen einfarbig, monochrom, also eben monokulturell. Integration kann dann eben nicht wechselseitige multikulturelle Kombination und Durchdringung bedeuten, sondern völlige einseitige Assimilation an das »Wirtsvolk« (so Irenäus Eibl-Eibesfeldt in der »Süddeutschen Zeitung« vom 3.7.1982). Ebendiese Mentalität wurde dann am 4.1.1984 offizielle Politik der CDU/CSU-Fraktion: »Wo Menschen aus ihrer Heimat fliehen, sollte dafür gesorgt werden, daß sie in derselben Region, im selben Kultur- und Sprachkreis Zuflucht und Auskommen finden.« Weiter: »(Einbürgerung) setzt ein vorbehaltloses Bekenntnis der Zugehörigkeit zum deutschen Volk voraus.« Schließlich: »Ohne klare Begrenzung läßt sich die Ausländerintegration nicht bewältigen. Sonst werden Jahr für Jahr Tausende von jungen Menschen, in der Regel wohl junge Frauen, aus fremden Kulturkreisen ins Bundesgebiet kommen und dort auf nicht absehbare Zeit fremd bleiben.«

Gute Flüchtlinge, schlimme Asylanten

In der Bundesrepublik ist die Ablehnung der doppelten Staatsbürgerschaft aus dem Kulturkreis-Denken heraus begründet. Sie ist die logische Folge der völkischen Reinheitsvorstellungen: schon das *Doppelte* erscheint dann symbolisch als gefährliche Mischung und Verunreinigung des eigenen Kulturkreises. Ferner ist hier außer dem Einwanderungsproblem nun auch schon das Flüchtlingsproblem thematisiert. Aber auch ein Flüchtlingsproblem gibt es in Deutschland nicht wie in anderen Ländern – oder besser, es ist damit etwas anderes gemeint. Das Flüchtlingsproblem anderer Länder wurde in Deutschland zu etwas ganz besonderem, zum *Asylantenproblem.* Ich kann hier lediglich in größter Knappheit wiederholen, was ich andernorts im einzelnen und mit einer Fülle von Belegen dargestellt habe: »Asylanten« gibt es erst seit etwa 1977. Es handelt sich um ein neues Wort, durch das der früher einheitliche Bereich der Flüchtlinge auf neorassistische Weise gespalten wurde in (gute) *Flüchtlinge* (Vorstellung: aus dem Osten, weiß, meistens *deutschstämmig, unserem Kulturkreis nahe*) und in (schlimme) *Asylanten* (Vorstellung: aus dem Süden, *aus fremden Kulturkreisen,* häufig *farbig, nicht verfolgt, sondern parasitär den deutschen Steuerzahler ausbeutend...*). *Asylanten* ist eine »spontane« Analogiebildung zu einem besonderen Bereich deutscher Wörter auf »-anten«, die jeweils größere Menschenmengen als nicht normale Gegenstände konstituieren. (Ich behaupte selbstverständlich nicht, daß die Endung »-ant« als solche und stets negativ wäre: siehe zum Beispiel *Intendant.*) Ich nenne als Beispiele für *nicht-normale* Menschengruppen nur die *psychiatrischen* »-anten«: Deliranten, Denunzianten, Exploranten, Figuranten, Flagellanten, Intriganten, Komödianten, Konfabulanten, Masturbanten, Pedanten, Querulanten, Simulanten, Skrupulanten, Vaganten, Minusvarianten. Diese *Minusvarianten* wurden von den Nazis dann der *Euthanasie* zugeführt, ergänzt um antisemitisch ausgegrenzte »-anten« wie Spekulanten und Assimilanten *(Westjuden).* Es gehört zu den abgründigen Zufällen der deutschen Geschichte, daß nach dem Verschwinden der *Assimilanten* als Wort (und wie man wissen kann als *Sache*) die ähnlich klingenden *Asylanten* neu erfunden wurden. Allerdings wird auch dieses Wort demnächst wieder verschwinden (ebenfalls, weil die *Sache* verschwinden wird).

Die deutsche mediopolitische Klasse unterscheidet sich also nachweisbar von ihren westlichen Geschwistern symptomatisch dadurch, daß sie statt von Einwanderern und Flüchtlingen vielmehr von Ausländern und Asylanten redet – außerdem von Fremden, Allzufremden, fremden Kulturkreisen, von Integrationsunfähigen und so weiter. An die dadurch symptomatisch belegte Mentalität der Ausgrenzung können die neuen Jung-Rechtsextremen sich mit ihren »Kanaken« ankoppeln. Eigenartigerweise entspricht der Ausgrenzung der »Nicht-Normalen« durch die Endung »-anten« in der offiziellen Redeweise ein ganz paralleles Funktionieren der Endung »-aken« im sogenannten Volksmund. Zur Kaiserzeit und zur Zeit der deutschen Kolonien in der Südsee muß der Kurzschluß zwischen den »Polacken« und »Kanaken« (als »Menschenfressern«) erfolgt sein. Sogar die italienischen Einwanderer wurden dementsprechend in »Ittacker« transformiert. (Die vornehme FAZ sprach von »ein paar italienischen Mafiosi«, die sich »auch noch verkraften lassen«; siehe oben). Es herrscht also eine strukturelle Parallelität in den ausgrenzenden Benennungen zwischen mediopolitischer Klasse und *Volksmund.* Wo demnach *oben* das *Problem der Scheinasylanten* existiert, werden *unten Kanaken aufgeklatscht.* Natürlich ist beides nicht dasselbe, selbstverständlich nicht – aber es gibt Anschlußmöglichkeiten, wie sie sich in Wahlparolen der »Republikaner« zeigen (»Scheinasylanten ausweisen«).

Die Änderung der Benennungen kann bei der Änderung der Mentalitäten hilfreich sein

Ich behaupte beileibe nicht, daß die Eskalation des »Ausräucherns« hauptsächlich durch Benennungen wie *Asylanten* erklärbar wäre (obwohl zumindest eine Schreibtischtat belegbar ist: Direkt vor Hoyerswerda lag im September 1991 die große Serie der Bildzeitung mit ihrer großflächigen Werbung gegen *Asylanten*). Dennoch scheint es mir evident, daß die Änderung der Benennungen bei der Änderung der Mentalitäten hilfreich sein könnte. Warum sollte es undenkbar sein, auch in Deutschland (wieder) von Einwanderern und Flüchtlingen zu reden statt von Ausländern und Asylanten, von Kulturen statt von Kulturkreisen und so weiter? »Asylbewerber« sind ein schlechter Kompromiß: Bewerbung klingt nach Jobsuche; korrekt wäre also neben »(politischen) Flüchtlingen« nur »Asylsuchende« – bald wird es aber gar keine Asylsuchenden (Bewerber) mehr geben, sondern nur noch anerkannte beziehungsweise tolerierte Flüchtlinge: warum sie nicht endlich wieder Flüchtlinge nennen?

Viele antirassistische Deutsche sind mehr oder weniger fassungslos darüber, daß die politische Klasse nicht einmal nach den entsetzlichen Morden von Mölln und Solingen bereit scheint, ihre völkische Ablehnung der doppelten Staatsbürgerschaft aufzuweichen. Eine solche Aufweichung würde eine Aufweichung der Mentalität voraussetzen. Die »Mischung von Kulturen« müßte zunächst positiv gesehen werden können. Ich habe versucht zu zeigen, wie eine Besinnung auf die sprachlichen Aspekte dabei ebenfalls einen (sicherlich höchst bescheidenen) Beitrag leisten könnte.

Ute Gerhard

Sprachbilder der Bedrohung und ihre Folgen

Im Verlauf der Debatte um die Eskalation der mörderischen Gewalt gegen Flüchtlinge und Zuwanderer in der Bundesrepublik sind die Medien auf sehr unterschiedliche Weise ins Gerede gekommen. Während die Frage der möglichen Folgen von Gewaltdarstellungen in Presse und Fernsehen in der Politik und der Öffentlichkeit heftig diskutiert wurde, wurden Äußerungen, die einen anderen möglichen Zusammenhang zwischen Anschlägen einerseits und Medien andererseits herstellten, eher zum Skandal. Der dabei geäußerte Verdacht, auch die dem demokratischen Spektrum zugerechneten Medien und Politiker hätten durch ihren Umgang mit dem Thema Flüchtlinge und Zuwanderer eine vielleicht fatale Rolle in der gesamten Entwicklung gespielt, stellte offensichtlich den mittlerweile wohl breiten Konsens über die angenommenen wichtigen Ursachen der Ereignisse in Frage. Die Irritation, die von einer solchen Infragestellung ausgeht, wird sicherlich noch dadurch gesteigert, daß dieser Konsens seine durchaus bequemen Aspekte besitzt. Denn bei vielen dieser Erklärungen handelt es sich ja um einfache Verschiebungen – oder besser Abschiebungen – des Problems. Und zwar zum einen auf die Ränder von Politik und Gesellschaft, auf den politischen Extremismus und die sozialen Problemfälle; zum anderen aber gar auf die Flüchtlinge und Zuwanderer selbst, nach dem bekannten Motto, sie seien eben *einfach zuviel*.

Wenn ich im folgenden versuche, Aspekte eines möglichen Zusammenhangs zwischen medialer Verarbeitung des Themas Asyl und den Entwicklungen der letzten drei Jahre aufzuzeigen, dann geht es nicht darum, einzelne Personen oder Medieninstitutionen als rassistisch zu entlarven, die es etwa erfolgreich geschafft hätten, die öffentliche Meinung entsprechend zu manipulieren. Meine Überlegungen beziehen sich vielmehr auf die konstitutiven diskursiven Verfahren der Medien, deren durchaus machtvolle Effekte sich auch unabhängig von jeweiliger Intentionalität und häufig vielleicht hinter dem Rücken der Schreibenden und Sprechenden realisieren. Es ist das nahezu alltägliche Handwerkszeug der Medien, das aufgrund seiner brisanten Wirkungsmöglichkeiten genauere Beachtung erfordert.

Das Thema Zuwanderung
wird in Symbolen der Bedrohung bearbeitet

Die Symbolik als eine spezifische Form der Bildlichkeit ist für die, bezogen auf ihre technische Realisation und politisch-soziale Orientierung, unterschiedlichsten Medien und damit für den Mediendiskurs insgesamt von besonderer Bedeutung. Bei dieser Symbolik handelt es sich um Bilder – Sprachbilder, Karikaturen, aber auch Fotos, Kameraeinstellungen und so weiter, die mit zusätzlichen Bedeutungsebenen gekoppelt werden. Solche Symbole sind nicht nur deshalb wichtige Verfahren des Mediendiskurses, weil sie bei einem Großteil der Bevölkerung den Effekt von »Verständlichkeit« hervorrufen und Evidenzen produzieren. Vielmehr liefern sie gleichzeitig wichtige Schemata der subjektiven

Identifizierung. Das gesamte Alltagswissen scheint durchzogen von kleinen symbolischen Geschichten. So lesen oder hören wir nicht nur – wenn es etwa um komplexe ökonomische Prozesse geht – davon, daß der *Motor der Konjunktur heißläuft, abgebremst werden muß* oder *ins Stottern gerät*. Nein, auch wir selbst *geben* in anderen Bereichen *Gas, müssen auf die Bremse treten* oder *geraten ins Schleudern*. Wenn wir lesen oder in Karikaturen realisiert sehen, daß die deutsche Wirtschaft nach den *Turbulenzen* der Wiedervereinigung *auf der Intensivstation liegt,* dann ist dies begleitet von dem Wissen um unseren eigenen Körper. Die Symbolik liefert also zum einen wichtige Wahrnehmungsraster für die unterschiedlichsten gesellschaftlichen Phänomene. Zum anderen vermag sie diese Phänome gleichsam zu subjektivieren, indem sie bestimmte Haltungen und Handlungen nahelegt, mit denen sich die einzelnen sowohl individuell als auch kollektiv identifizieren können. Insgesamt sind solche Symbole sicherlich ganz zentrale Verfahren unseres Mediendiskurses und unserer Kultur im weitesten Sinne. Sie sorgen für Verständlichkeit auch komplexer Vorgänge und scheinen daher insbesondere notwendig für die kulturelle Integration moderner Gesellschaften, für die ja gerade die Herausbildung hochspezialisierter Arbeits- und Wissensbereiche kennzeichnend ist. Aus all diesen Gründen gehören solche Symbole zu alltäglichen Elementen der Medien und der öffentlichen Rede insgesamt.

Die »Flut«

Deshalb ist es kaum erstaunlich und nicht von vornherein problematisch, daß auch das Thema Zuwanderung in den Medien und auch in der politischen Rede symbolisch verarbeitet wurde. Vielmehr ergab sich erst durch eine insbesondere auch während der sogenannten Mediendebatte des Sommers 1991 weiter automatisierte, enorm stereotype Verwendung ganz bestimmter Symbole eine mehr als problematische Konstellation. Die Symbolik der *Flut* spielte dabei eine herausragende Rolle. Anfang August 1991 verging wohl kein Tag, an dem nicht in Schlagzeilen der verschiedensten Zeitungen, Fernseh- oder Rundfunkmeldungen die *Asylantenflut* zum Thema wurde. Die *Uferlosigkeit* wurde beklagt. Von fehlenden *Dämmen* gegen *Überschwemmungen* war die Rede. Die damit verbundenen Imaginationen der bedrohten *Insel* BRD/Westeuropa wurden in Karikaturen realisiert. Neben der bedrohten *Insel* war es das *Boot*, das durch *Überfüllung* oder *Überladen* bedroht war. Die *Schotten* seien *dichtzumachen*. Die für alle diese symbolischen Aussagen zentrale Bildlichkeit der *Flut* läßt die Flüchtlinge und Zuwanderer zur anonymen, bedrohlichen Masse werden.

Pressefotos realisierten diese Flutsymbolik auf ihre Weise. Ob in Zeitungen, Zeitschriften, integriert in Artikel oder als Titelcover, als Hintergrundbilder bei Fernsehnachrichten oder gar in Form großer Plakate als Aufmacher für Zeitungsserien – die Bildstruktur all dieser Fotos war die gleiche. Eine meist dunkle Masse von Leuten, die sich in engen Fluren oder zwischen Absperrungen drängten, schließlich in endlosen Schlangen ein Tor stürmten, das ein oder zwei vereinzelte Beamte noch zu schützen suchen. Insgesamt legt die Bildlogik der Flut und Überflutung eine direkt subjektivierbare Wahrnehmung des sozialen Phänomens Flucht/Zuwanderung nahe. Sie entwirft eine Position des Selbst, des Ich oder Wir in Relation zu den Zuwanderern, und zwar eine Position des Bedrohtseins. Die Zuwanderer werden dabei schon aufgrund des Merkmals *dunkle Masse* ohne Individualität zu dem ganz Fremden. Die auf diese Weise entworfene Imagination verstärkte sich durch weitere Symbole, die neben der zentralen Flut Verwendung fanden. Den Bereich militärischer Bedrohung realisierend, war von *Schlupflöchern, Invasionen, Einfallstoren, neuentstandenen Flanken* die Rede. Wiederholt wurde, was ja bereits der symbolische Begriff des *Schleppers* nahelegt, die Verbindung von Flüchtlingen und Krankheit einerseits sowie andererseits die von Flüchtlingen und Drogen beziehungsweise Gift klargestellt. Gesprochen wurde etwa von der *Überdosis*.

Eine gesellschaftliche Abwehrstimmung als Konsequenz des Umgangs mit dem Thema

Die ständige Wiederholung solcher Symbole stabilisierte die Wahrnehmung der Zuwanderer als drohende *Überflutung, Invasion, Krankheit* und *Vergiftung* durch Drogen und damit gleichzeitig die Vorstellung einer nahezu überlebensnotwendigen Abgrenzung, wie sie in den *Dämmen* und *Schotten* entworfen wird. Als Konsequenz eines derartigen Umgangs mit dem Thema entwickelte sich eine gesellschaftliche Abwehrstimmung, durch die sich nicht nur entsprechende Gruppen zu Handlungen legitimiert fühlen konnten, berechtigt, auf ihre Weise *Dämme zu bauen*. Auch die für demokratische, vor allem marktwirtschaftliche Gesellschaften wohl grundlegend notwendige Akzeptanz von Wanderungsbewegungen ist durch die starren Abgrenzungsvorstellungen mehr als gefährdet.

Unterstützt wurden und werden die Vorstellungen einer notwendigen Grenzziehung durch die vorgebliche Evidenz und Faktizität der Zahlen und Statistiken, die ebenfalls für den modernen Mediendiskurs eine große und wohl noch steigende Bedeutung haben. Für die Thematisierung der Flüchtlingsfrage sind die Zahlen und Statistiken von besonderer Wichtigkeit, war die gestiegene Zahl der Flüchtlinge doch das eigentliche Ausgangsthema. Im Mediendiskurs erhielten diese Zahlen 1991 sehr schnell das Merkmal *katastrophale Grenzüberschreitung*, und die auch in der folgenden Zeit häufig zitierte Aussage *einfach zuviel* bekam ungeheure Evidenz. Diese Logik ergibt sich nicht aus den reinen Zahlen, vielmehr wurde auch hier ihre symbolische Inszenierung entscheidend. Ausgehend von den immer wieder als absoluter Rekord markierten Zahlen des ersten Halbjahres 1991 wurden Prognosen von 8, 10, ja 20 Millionen entwickelt, die sich auf den Weg machen würden.

Schaubilder, in denen die Flüchtlingszahlen entsprechend grafisch umgesetzt wurden, unterstützten in verhängnisvoller Weise die Vorstellung einer existenziellen Bedrohung. Die zunehmende Verwendung von Informationsgrafiken wird allgemein damit begründet, daß sie es ermöglichen, Sachinformationen pointiert und leicht faßbar zu vermitteln. Um so notwendiger ist es, die

Bedeutung der beschriebenen Mediensymbolik für solche Visualisierungen und die dadurch mögliche Perspektivierung von Informationen zu beachten. So sei, was die Flüchtlingsfrage betrifft, an Abbildungen steil ansteigender Kurven erinnert, die oft noch mit negativ akzentuierendem Bildmaterial, etwa mit einem typischen Foto von *dunklen Massen*, unterlegt waren. Daneben wiederholten sich mit farbigen Balken, Dreiecken oder Pfeilen markierte geografische Darstellungen der BRD, die eine Assoziation mit militärischen Aufmarschplänen und damit die Vorstellung der *Einkreisung* und *Einkesselung* wachrufen. Auf diese Weise verbunden mit der Symbolik der *bedrohten Insel* BRD, erhielten die Zahlen eine besondere Qualität.

Ein kritischer Umgang mit der symbolischen Logik von Bildern, Zahlen und Statistiken ist wichtig

Insofern ist die Evidenz der zu großen Zahl, an die sich in gefährlicher Weise die Konzepte neorassistischer Gruppierungen anschließen lassen, auch ein Effekt der sich in verhängnisvoller Weise stabilisierten Mediensymbolik zum Thema Zuwanderer. Um die sich daraus ergebenden problematischen Abgrenzungsvorstellungen mit ihren deutlichgewordenen Folgen für die kulturelle und gesellschaftliche Ausrichtung der Bundesrepublik zu entkräften, müssen – insbesondere aus der Perspektive der Medien – die symbolischen Mechanismen berücksichtigt werden.

Ein kritischer Umgang mit der symbolischen Logik der Zahlen und Statistiken ist dabei genauso wichtig wie die Entwicklung anderer Schaubilder, die ihrerseits vielleicht die automatisierte Symbolik in Frage stellen. Sicherlich könnte es mehr als produktiv sein, die Symbolik durch ironische Kommentierungen oder paradoxe Realisierungen überhaupt erst einmal in den Blick zu rücken. Witzige Verfremdungen könnten hier allemal effektiver sein als moralische Entrüstung.

II. Wahrnehmungen und Erfahrungen aus der Sicht von Journalisten

Gert Monheim

Gespräch mit einem Freund, der vor zwanzig Jahren aus der Türkei kam

Er ist Lehrer an einer deutschen Gesamtschule und mit seiner Familie vor zwanzig Jahren aus der Türkei nach Deutschland übergesiedelt. Zwei seiner drei Kinder sind in Köln geboren. Wir sind seit einigen Jahren befreundet.

Ich schäme mich, als er auf die Morde von Solingen zu sprechen kommt. Und kann auch nicht widersprechen, als er sich bitter über die Reaktionen in Deutschland auf solche Gewalttaten wie die von Rostock, Mölln und Solingen beklagt: Viele Gerichte behandelten solche Morde und Mordversuche wie Lappalien; nur harte Urteile könnten solche Mordbrenner vor weiteren Taten abschrecken; wer wehrlose Opfer auf so gemeine und feige Art töte, müsse selber mit dem Tod rechnen. Ich schweige betroffen, weil ich seinen Schmerz und seinen Zorn verstehen kann, auch wenn ich seine letzte Einschätzung nicht teile.

Und die Medien, sagt er ruhig, aber bestimmt, hätten sich mit schrecklichen Bildern übertroffen und in ihren Kommentaren die nächsten Ausschreitungen geradezu herbeigeredet, jedenfalls hätten sie oft nicht sachlich berichtet, sondern die Stimmung weiter aufgeheizt. Hier kann ich nicht länger schweigen, als Fernsehreporter bin ich persönlich angesprochen. Für weite Teile der sogenannten Boulevardpresse, auch für die privaten Fernsehsender, muß ich ihm recht geben. Für den seriösen Teil von Presse und Rundfunk versuche ich vorsichtig dagegenzuhalten: Sie hätten in ihren Berichten die Analyse der Hintergründe zumindest versucht, jedenfalls nicht der Versuchung nachgegeben, die schrecklichen Bilder immer wieder zu senden, nur weil sie auf-

sehenerregend gewesen seien und möglicherweise die Einschaltquoten erhöht hätten.

Ich sage das in guter Absicht und doch mit schlechtem Gewissen.
Denn natürlich hatten auch die öffentlich-rechtlichen Sender,
die seriösen Zeitungen immer und immer wieder die Bilder von
Haß, von Ausschreitungen, von Verzweiflung gezeigt – so oft,
daß die ursprünglich abschreckende Wirkung immer mehr der
Abstumpfung wich, vielleicht sogar in ihr Gegenteil umzu-
schlagen drohte.

Daß solche Nachrichten, solche Bilder aus Gründen der Informationspflicht gebracht werden müssen, sieht auch mein Freund
ein. Aber, so gibt er zu bedenken, habt ihr wirklich immer nur so-
viel gezeigt und gesagt, wie zur Information der Zuschauer und
Leser unbedingt notwendig war? Und wurden diese Bilder so in
den größeren Zusammenhang eingeordnet, daß sie eben nicht
nur Augenkitzel waren, nicht den wohligen Schauder im Wohn-
zimmersessel auslösten, dabeigewesen und doch davongekom-
men zu sein?

Oder habt ihr nicht auch die Bilder der verzweifelten Hinterblie-
benen, der randalierenden Rechten immer wieder und in immer
wieder neuen Variationen gezeigt, um eure Produktion möglichst
breit zu verkaufen, aus Angst vor dem Konkurrenzsender, der
bessere Bilder hatte, *näher dran war*, exklusiv aus dem rechten
Horrorkabinett berichtete, *mehr gebracht* hat?

An solche Argumente, muß ich ehrlich zugeben, kann ich mich
aus den internen Diskussionen nach Solingen erinnern: Wieso
nicht noch mehr Reporter und Kameraleute draußen waren?
Draußen – damit war Solingen gemeint. Wieso bei uns nicht
auch diese oder jene Dokumentation zusätzlich gelaufen sei, wo
doch Spiegel-TV und SAT 1... Bei uns – das war der WDR, der
als ARD-Sender aus dem Berichtsgebiet praktisch laufend über
die Ereignisse berichtet hatte. Wieso wir nicht präsenter, nicht
besser gewesen wären? So berechtigt die Fragen waren, sie wurden mehr aus Konkurrenz- dènn aus Qualitätsgründen gestellt,
so jedenfalls mein Eindruck.

Mein Gesprächspartner hatte während der schrecklichen Ereignisse verständlicherweise nicht immer zwischen WDR- und anderer Berichterstattung unterschieden, macht aber geltend, daß

Quantität nicht mit Qualität verwechselt werden dürfe. Er habe sich zum Teil an Kriegsberichterstattung erinnert gefühlt; insbesondere, als die Medien sich nach einigen Tagen der Entrüstung über die Solinger Morde in großen Balkenüberschriften und grellen Berichten mehr über *randalierende junge Türken* ereifert hätten als über die Morde selbst. Deren Zorn sei aber doch nur eine, wenn auch gefährliche, so doch verständliche Reaktion auf die rechtsradikalen Exzesse gewesen. Im Vordergrund hätte bei diesen Sendungen die Frage gestanden, wie weit die Wut die hier aufgewachsenen Türken noch treiben würde und wie lange sich die deutsche Bevölkerung das noch bieten lassen müsse. Weniger wäre da mehr gewesen, jedenfalls weniger emotionalisieren und mehr informieren!

Auch hier halte ich vorsichtig dagegen: Der seriöse Teil der Medien hätte Ursache und Wirkung nicht vertauscht, hätte nicht neue Sündenböcke schaffen wollen, um von den Ursachen abzulenken, sondern die Ursachen beim Namen genannt. Auf der anderen Seite dürften Informationen über Ausschreitungen, für die türkische Organisationen zum Teil sogar die Verantwortung übernommen hätten, nicht zurückgehalten werden. Das wäre für die Presse- und Meinungsfreiheit unseres Gemeinwesens fatal, das wäre in seiner Wirkung auch auf liberale und aufgeschlossene Deutsche fatal. Weil so der Eindruck entstünde, daß mit zweierlei Maß gemessen und entsprechend berichtet würde. Dies wäre für die Glaubwürdigkeit des Mediums von verheerender Wirkung.

Mein Freund will solche Berichte auch nicht unterdrückt wissen, sie müßten nur mit mehr Augenmaß, mit mehr Sensibilität für die Opfer gemacht werden; auf keinen Fall dürften die Opfer zu Tätern gemacht werden. Im übrigen gibt er zu bedenken: Nach solcher Berichterstattung hätten die Ausschreitungen Rechtsradikaler jeweils erheblich zugenommen. Wir müßten uns doch wohl die Frage stellen, ob und wieweit unsere Berichte die Stimmung noch aufheizten, ja, zur Nachahmung anreizten.

Es stimmt: Nach Hoyerswerda, nach Rostock, Mölln und auch wieder nach Solingen haben sich die Gewalttaten gegen Ausländer jeweils verdoppelt und verdreifacht. Ob daran alleine die Medien schuld sind, mag dahingestellt sein. Daß wir uns aber

mit der Frage auseinandersetzen, warum nach solchen Medien-
ereignissen die Gewalttaten sprunghaft ansteigen und in welcher
Form wir dazu beitragen, wird nach jedem Exzeß gefordert, aber
ebensoschnell wieder vergessen.

Und es stimmt auch, daß alleine das Auftauchen einer Kamera
gewaltbereite Täter geradezu animiert, Gewalt auch auszuüben.
In diesem Dilemma steckt insbesondere das Fernsehen, stecken
auch die Fotografen. Zurückhaltung wäre da meistens besser als
die Jagd nach aufsehenerregenden Bildern, die wir nur allzu oft
selbst provozieren. Und daß bestimmte Fernsehteams sogar
Prämien an Skinheads für Hitlergruß auf Kommando oder in-
szenierte Randale zahlen, ist nicht in jedem Fall nur ein Gerücht;
sicherlich aber ist es eher die Ausnahme als die Regel.

Und weil ich das alles weiß, sitze ich meinem Freund mehr und
mehr hilflos gegenüber.

Für den WDR reklamiere ich eine im großen und ganzen nach-
denkliche, kritische Berichterstattung. Mir fallen Kommentare
unmittelbar nach den Morden von Solingen ein, die an Deut-
lichkeit nichts zu wünschen übrigließen. Fritz Pleitgen, Klaus
Bednarz, Ayşím Atsíz hatten auf die Ursachen der Pogrome von
Rostock bis Solingen hingewiesen, die Brandstifter und Bieder-
männer in den politischen Parteien und in den Medien beim
Namen genannt, die die Asyldiskussion in zynischer Weise
mißbraucht hatten, um von anderen politischen Problemen und
Defiziten abzulenken.

Da kontert mein Gesprächspartner mit dem Einwand: Genau
diese in der Tat zutreffenden Kommentare hätte der Intendant
des Südwestfunks als einseitig, dumm und falsch kritisiert und
damit die unselige Diskussion über die Auswahl der Kommentare in den Tagesthemen losgetreten. Ergebnis: Fürderhin könnten Kommentarthemen und Kommentatoren, die von der Runde
der Chefredakteure mit Mehrheit beschlossen worden seien,
noch am Veto eines einzelnen, des ARD-Koordinators in München, scheitern. Nur am Rande wolle er bemerken, daß der
SWF-Intendant von der CDU durchgesetzt worden sei, und daß
er seine Kritik nicht etwa in der Runde der Intendanten, sondern
in der Tageszeitung »Die Welt« geäußert habe. Einzelne CDU-
Politiker und insbesondere die »Welt« wären unter anderem von

Klaus Bednarz bei der Aufzählung von Brandstiftern und Biedermännern genannt worden. An diesem Beispiel werde deutlich,
wie auch die Berichterstattung in Teilen von den gleichen Leuten
abhängig sei, die die aufgeheizte Stimmung gegen Fremde mit
verursacht, jedenfalls nicht verhindert hätten. Mein Freund sagt
das ohne Häme.

Das sitzt und macht mich wütend, weil es stimmt. Trotzdem
mache ich geltend, auch in anderen Berichten sei auf solche Zusammenhänge aufmerksam gemacht worden, ohne daß es Einschränkungen oder gar Zensur gegeben hätte. Für ein gut Teil der
Kolleginnen und Kollegen reklamiere ich Nachdenklichkeit und
ehrliches Bemühen, Bilder und Sprache sorgfältig auf ihre möglicherweise schädliche Wirkung hin zu überprüfen. Ihnen ginge es
um ein friedliches Zusammenleben von Deutschen und Ausländern in unserem Lande. Während ich meine Gedanken weiter-
entwickle, wird mein Freund immer nachdenklicher, schaut
mich auch noch lange an, als ich geendet habe. Dann sagt er: »Es
geht nicht um Ausländer und Deutsche, es geht nicht um euer
Land. Ich bin mit meiner Frau und meinen Kindern seit zwanzig
Jahren hier zu Hause und nicht mehr in der Türkei. Ich fühle
mich nicht mehr als Ausländer, sondern als Inländer, der dieses
Land mit aufgebaut hat. Ihr müßt auch über für euch scheinbar
selbstverständliche Unterscheidungen nachdenken, besonders ihr
Journalisten. Denn Sprache ist verräterisch.«

Irene Dänzer-Vanotti

An die Grenzen gehen

Die Recherche führt ins Grenzland der Nationen. Das ist das
Gebiet, in dem Deutsche, Türken, Sinti, Italiener, Libanesen und
Vietnamesen zusammenleben. Das Grenzland zieht sich durch
Deutschland, aber nicht durch das ganze Land. Es liegt in alten
Zechensiedlungen, in hellhörigen Hochhäusern, in herunter-
gekommenen Nachkriegsbauten, in Hauptschulen, in Betriebs-
kantinen: Dort muß die Integration geleistet werden, die sich im
warmen Studio so schön fordern läßt.

Den ersten Weg in diesem Grenzland der Nationen bahnte ich mir zu den Ausländern, nicht zu den Deutschen. Für mein erstes Hörfunkfeature zum Thema (für den WDR) wollte ich das Leben derer kennenlernen, die fremd sind, die zwischen den Kulturen leben, die vor Jahren, wie die Italiener, eigentlich nur »bis Weihnachten bleiben« wollten und jetzt Jahreswende um Jahreswende im kalten Norden feiern. Für mich als Deutsche, die leicht geneigt ist, mit kritischem Blick auf das eigene Volk zu sehen, und als Journalistin, die gern im Fremden das Interessante findet, war die Distanz zu den Ausländern leicht zu überwinden. Die Schwierigkeiten der türkischen Frauen mit den deutschen Nachbarn verstehen, die Probleme der kinderreichen italienischen Familien hören, sie in Schutz nehmen und die Exotik ihres Lebens einige Stunden lang genießen, das schien mir richtig und wichtig. Alle Verständniskraft widmete ich ihnen, und so wurden der türkische Ladenbesitzer, die italienische Mama, der italienische Arbeiter, die jugoslawische Kellnerin im Bericht wohl auch zu den besseren Menschen.

Die andere Perspektive

Zwei Jahre später, 1990, wählte ich die andere Perspektive. Leben im Grenzland fordert auch von den Deutschen eine Leistung; zum Beispiel von der älteren Frau, die als einzige Deutsche in einem Haus mit lauter Jugoslawen lebt. Die haben einen anderen Rhythmus als sie, sind gastfreundlich und feiern nachts gerne. Die Frau wurde, wie sie sagt, zur Ausländerfeindin wider Willen, denn sosehr sie sich einst vorgenommen hatte, verständnisvoll zu sein, so sehr störe sie nun der nächtliche Lärm. Ein Hausbesitzer kommt mit den Sauberkeitsgepflogenheiten seiner türkischen Mieter nicht zurecht, die es nicht für notwendig erachten, das Treppenhaus jede Woche zu putzen, eine Frau sieht mißmutig, wie Unkraut Nachbars Garten überwuchert und hält die türkischen Bewohner für Banausen, unfähig, wenigstens ein paar Rosen und Sonnenblumen zu pflegen. Schließlich sind da die Häuslebauer, deren Einfamilien-Fertighaus, mühsam erspart, durch das benachbarte Asylbewerberheim eine Wertminderung erfährt.

Kleinigkeiten? Natürlich. Natürlich könnte der Hausbesitzer nachsichtiger sein und entweder über den Staub hinwegsehen oder eine Putzfrau einstellen (wahrscheinlich eine Türkin!), natürlich könnte die ältere Frau selbst mehr Menschen einladen, damit der Krach der nächtlichen Feier nicht in die Stille ihrer Einsamkeit schallt; ohne Rosen lebt es sich auch gut, und die Häuslebauer sollen sich nicht um den Wert ihres Hauses kümmern, sondern darin wohnen. Kleinigkeiten – aber die Probleme bestehen, und sie sind ernst zu nehmen. Jede Forderung nach Frieden an den vielen kleinen Grenzen zwischen Deutschen und Ausländern sollte um diese schwierigen Kleinigkeiten wissen. Erst dann kann auch die Forderung einen Beitrag zu eben diesem Frieden leisten und dient nicht nur der Beruhigung des Gewissens dessen, der sie vollmundig ausspricht.

Irgendwie scheint es einfacher zu sein, diese Schwierigkeiten aus der Sicht der Ausländer zu schildern. Es scheint reizvoller, sich von den feierfreudigen Jugoslawen ihren Standpunkt erklären zu lassen als von einer leidenden Deutschen. Zunächst ist das sogar tatsächlich handwerklich leichter, denn viele Ausländer haben sich in Vereinen zusammengeschlossen oder sind über Beratungsstellen, die für ihre Gruppe zuständig sind, zu erreichen. Will man sich ein Bild von der Stimmung der Deutschen machen, muß man länger suchen. Ich habe bei der Recherche für die Sendung »Die Sicht des Fremden. Nachbarschaft mit Ausländern« (WDR) Kontakte zu Gruppen von Deutschen gesucht. Der Frauenkreis einer Kirchengemeinde, der Geschichtskreis einer Zechensiedlung, die Besucherinnen des Frauencafés eines Arbeiterwohngebiets haben auf meine Bitte hin die Frage nach ihrem Verhältnis zu Ausländern zum Thema gemacht. Alle Gesprächsteilnehmer kannten einander, so daß sie offen miteinander reden konnten. In der Gesprächsgruppe tauchten viele Fragen und Probleme auf, die ich gar nicht erwartet hatte und daher kaum hätte erfragen können. Indem die Gesprächspartner sich in ihren Urteilen und Vorurteilen gegenseitig bestätigten oder relativierten, bekam ich ein klares Bild von der Stimmung und auch – für den Hörfunk wichtig – lebensvolle, zum Teil sehr ungeschminkte Beschreibungen der Situation.

Immer wieder äußerten diese Deutschen die Klage, daß ihr Standpunkt in den Medien nie zu hören sei. Immer nur die Sicht der Türken, der Spanier, der Griechen ... Der Einwand scheint mir berechtigt, und wichtig erscheint mir, daß man ihn auch ernst nimmt. Auch die Deutschen haben ein Recht darauf, die Situation schwierig zu finden. Es scheint mir, als hätten Liberale und Intellektuelle dieses Recht bislang fast ausschließlich den Ausländern zugebilligt. Spätestens seit Rostock aber ist deutlich, daß es das Gefühl von Minderwertigkeit ist, das sich im Applaus der Massen für die Brandstifter Luft macht.

Zurück ins Grenzland

Daß es für Journalisten, auch für mich, zunächst reizvoller war, sich mit dem Fremden zu beschäftigen und wir darin eine moralische Notwendigkeit sahen, hängt natürlich auch damit zusammen, daß wir in der notwendigen Rückschau auf die Verbrechen der Deutschen in der Nazizeit besonders viel Toleranz gefordert haben. Die Absicht dabei war gut – aber möglicherweise haben wir damit viele Deutsche überfordert. Schließlich müssen meist diejenigen, denen es, zumindest materiell, ohnehin schlechter geht, das gedeihliche Zusammenleben mit Ausländern täglich leisten. Und wer überfordert wird, schafft gar nichts.

Und heute? Das Leben im Grenzland der Nationen ist härter, ist haßerfüllt geworden. Mit den oben genannten Kleinigkeiten wagt man sich kaum noch zu beschäftigen. Dennoch will ich wieder hineingehen – und zwar dann, wenn nicht gerade etwas passiert ist, wenn die übrigen Kameras ausgeschaltet sind. Mir scheint es lohnend zu fragen, wie sich Deutsche *und* Türken und Griechen und Spanier und alle anderen ihr weiteres Zusammenleben vorstellen: Ihre Bilder von der Zukunft möchte ich kennenlernen, so genau wie möglich.

Ich denke da an den 17jährigen, in Deutschland geborenen Türken, den ich für einen Bericht Yilmaz nannte. Er gehört einer Jugendbande an. Skins sind die Feinde. Und wie er mit ihnen umgeht, läßt er sich nicht vorschreiben: »Wir haben unsere eigenen Gesetze«, sagt er, »und die sind nun mal die härteren. Da wird durchgezogen.« Darüber kann man erschrecken, das kann man als jugendliches Auftrumpfen abtun. Oder man kann auch das ernst nehmen: Wenn diese Jugendlichen Gesetze haben, lassen sie vielleicht mit sich verhandeln. Das ist dann nicht mehr die Aufgabe von Journalisten. Wir können nur erfragen, was in den Köpfen derer vorgeht, die sich sonst nur mit ihren Fäusten äußern. Und zwar auf beiden Seiten.

Mir ist es außerdem wichtig, immer wieder positive Ansätze zu veröffentlichen, immer wieder zu zeigen, wie Menschen Lösungen ausprobieren, die beispielhaft sein können. Ich will zeigen, welche Übergänge es im Grenzland gibt und wie sie geöffnet werden können.

Georgios Tsapanos

Die Ausnahme ist die Regel

Anmerkungen zum Thema Ausländer in den Medien

Die Medien berichten über Ausländer in Deutschland in der Regel so wie sie über das Ausland berichten: im Ausnahmefall nämlich. Und das ist hier nicht einmal ein Widerspruch in sich. Die Ausnahme ist die Regel.

Wird heute ausführlicher über ein Land der sogenannten Dritten oder Vierten Welt berichtet, so kann man mit an Sicherheit grenzender Wahrscheinlichkeit davon ausgehen, daß in diesem Land gerade eine Hungersnot herrscht oder eine Überschwemmung oder ein Bürgerkrieg stattfindet, zumindest aber ein Vulkan ausgebrochen ist oder alles zusammen. Wird heute ausführlicher über Ausländer in Deutschland berichtet, so kann man in diesem Fall mit an Sicherheit grenzender Wahrscheinlichkeit davon ausgehen, daß es sich bei diesen Ausländern um Kriminelle handelt oder um »Vorzeigeausländer« in irgendeiner Form oder daß sie Opfer einer »ausländerfeindlich motivierten« Gewalttat geworden sind. (Ich übertreibe hier nur geringfügig.)

Dabei ist den Medienmachern nicht vorzuwerfen, sie würden – nimmt man die Hofberichterstattung jedweder Art aus – mit anderen Themen anders verfahren. Nur ist die Ausnahme im Fall der Ausländer mindestens eine Ausgrenzung zuviel. Denn unabhängig davon, ob sie nun Täter oder Opfer sind, in der Wahrnehmung und im Gedächtnis der Rezipienten bleiben sie mit dieser Ausnahme, der Unordnung oder Katastrophe verbunden, und dadurch mit der Gefährdung der jeweils eigenen Sicherheit. Von einer ebenso notwendigen wie selbstverständlichen Alltagswahrnehmung der nichtdeutschen durch die deutsche Bevölkerung über die Medien kann deshalb nur bedingt die Rede sein.

Das ist aber nicht nur aus den oben genannten Gründen so. Die deutschen Medien sind zuallererst *deutsche* Medien. Ich will an einem Beispiel verdeutlichen, was damit gemeint ist. Journalisten, die auch einen positiven Aspekt der Anwesenheit von Ausländern in der Bundesrepublik betonen wollen, entdecken früher oder später das Thema: *Die Ausländer sind gut für unsere Wirtschaft.* Abgesehen davon, daß diese Nützlichkeitsaspekte, weil sie eben die Nützlichkeit von Menschen zum Maß der Dinge machen, höchstens Hilfsargumente sein können: auch hier bleibt es bei der letztlich verhängnisvollen Unterscheidung zwischen *ihnen* und *uns*, sind *sie* es, die nützlich sind für *unsere* Wirtschaft, Renten, Gastronomie, was auch immer. Daß etwa die Wirtschaft eben aufgrund ihres langjährigen Hierseins längst auch zur Wirtschaft der *Ausländer* geworden ist, scheint bereits Journalisten kaum vermittelbar zu sein und wird deshalb auch kaum vermittelt. Das Prinzip vom Mohr, der seine Schuldigkeit schon oder (noch) nicht getan hat, bleibt unangetastet.

Das Alltagsleben der Ausländer in Deutschland ist keine Nachricht (wert). Auch deshalb nicht, weil die alltäglichen Probleme von Ausländern – etwa mit dem Ausländerrecht, den Ausländerbehörden, aber auch mit mehr oder weniger subtilen Formen der Diskriminierung – keine Probleme der angenommen und wohl auch tatsächlich hauptsächlich deutschen Leser-, Seher- oder Hörerschaft sind. Wenn ein Deutscher logischerweise von keinem einzigen Paragraphen des Ausländergesetzes betroffen sein kann, wieso sollte dann ein Redakteur dem Ausländergesetz mehr knappe Zeilen oder Sendeminuten »opfern« als unbedingt nötig? Leider aber wird auch umgekehrt kein Schuh daraus. Solange der Alltag von Nichtdeutschen in der Bundesrepublik in den Medien nicht »stattfindet«, wird der Wahrnehmungsgraben zwischen deutscher und nichtdeutscher Bevölkerung tiefer und breiter, werden sich viele über die plötzliche »Häufung« von Anschlägen wundern, wo doch bisher alles so ruhig, so normal zu laufen schien. »Es stand ja nichts in der Zeitung«, wie es eine Solinger Bürgerin formulierte.

Nun muß man da, wo rassistisch motivierte Ausländer- und Fremdenfeindlichkeit – weil Nachricht – zum Thema der Medien wird, nicht lange nach der Medienschelte suchen. Die Schuld für die nachtnächtlichen Anschläge den Medien zuzuschieben, ist ebenso einfach wie bequem. Zwar kann niemand zweifelsfrei beweisen, ob die Meldung die Tat nach sich zieht, aber das Gegenteil eben auch nicht. Und wo am Ende alle ein bißchen an dem Notstand schuld sind, ist es keiner wirklich. Dennoch: Von einer Mitverantwortung am Stand der Dinge sind die Medien nicht freizusprechen; auch wenn sie in der Darstellung des Verhältnisses zwischen Deutschen und Ausländern mehr Spiegel der gesellschaftlichen Verhältnisse sind, als uns allen lieb sein sollte.

Wieso, muß man etwa fragen, sind die meisten ausländischen Journalisten – wenn überhaupt – in den diversen Ausländerredaktionen zu finden? Gehen die *Ausländerthemen* nur Ausländer an? Oder, andersrum: Wieso läßt sich kaum ein ausländischer Journalist finden, der die bundesdeutsche Innen- und/oder Außenpolitik kommentiert? Ist die Furcht vor den Leserbriefen, die sich darüber beschweren könnten, wieso ein Ausländer sich in *unsere* Angelegenheiten einmischt, tatsächlich so groß?

Erstaunlich ist jedenfalls die Verunsicherung, mit der zahlreiche Medienmacher auf die Vorwürfe reagiert haben, nicht nur auf den Dreck zu zeigen, sondern ihn auch zu machen (um mit Tucholsky zu sprechen). Eine Verunsicherung, die letztlich dazu geführt hat, daß über das Thema Ausländer in Deutschland anscheinend nur noch in Anführungszeichen gesprochen werden kann. Eine Verunsicherung, die sich in der gegenwärtigen, emotional angespannten Lage zusätzlich negativ bemerkbar macht.

Die Situation erschwerend kommt hinzu, daß die in diesem Zusammenhang verwendete und verwendbare Sprache mitunter sehr zu wünschen übrig läßt. Früher sprachen wir von *Gastarbeitern* – obwohl Gäste in aller Regel nicht arbeiten müssen. Heute sprechen wir von *ausländischen Mitbürgern* – obwohl Mit-Bürger

ohne Bürgerrechte nichts weniger sind als das. Wir reden von
ausländischen Jugendlichen, obwohl die überwiegende Mehrzahl
von ihnen in der Bundesrepublik geboren und/oder aufgewachsen ist. Wie schwierig es aber ist, neue, passendere Begriffe zu finden, offenbart schon die Diskussion darüber, wie man die *Ausländer* denn nun nennen soll. Die Vorschläge reichen von
Emigranten über Immigranten oder nur Migranten bis zu Zugewanderten oder Nichtdeutschen – und keiner paßt so richtig.
Und in der Mitte dieser Diskussion sitzen die Medienmacher,
die, ob sie es nun wollen oder nicht, die Macht haben, neue Begriffe zu schaffen und ins Gespräch zu bringen, die aber auch
nicht für sich in Anspruch nehmen können, klüger zu sein als alle
anderen Beteiligten.

Fest steht nur eins: Die Ausländer sind ein integraler, nicht mehr
wegzudenkender Bestandteil der bundesdeutschen Bevölkerung.
Die Frage lautet längst nicht mehr ob, sondern nur noch wie wir
das Zusammenleben von deutscher und nichtdeutscher Bevölkerung organisieren wollen. Eine Frage, die sich auch und gerade
im Bereich der meinungsbildenden Medien stellt und nach deren
Antwort zu suchen eben auch die Medienmacher verpflichtet
sind.

Heribert Prantl

»Ein kleines Schnittchen zur Durchtrennung der Eileiter«

Briefbombenattentate auf Menschen, die sich für die Rechte von
Minderheiten einsetzen; schwarze Listen mit Namen von Personen, auf die Rechtsextreme ihre Anhänger hetzen; Überfälle auf
Büros von Gruppierungen, die sich gegen rechtsextreme Gewalttäter einsetzen und Hilfe für Gewaltopfer organisieren: Zeichen,
daß den Drohungen mit Gewalt terroristische Anschläge auf dem
Fuße folgen.

Beispiel eins: Eine »Deutsche Volksbefreiungsarmee« schreibt am
14. 9. 1990 an die »Süddeutsche Zeitung«: »Der linke Lump
Prantl hat schon wieder zugeschlagen. Man kennt ihn, daß er

Deutschland verheeren will und das deutsche Volk ausbeuten will durch unbeschränkten Zuzug von Wohlstandsschmarotzern, sog. Asylanten. Wie alle roten und grünen Verbrecher in diesem Lande ist Prantl ein perverser Masochist, der sein größtes Vergnügen darin findet, wenn er seinem Vaterland schaden kann ... Wir werden jeden Drecksspolacken mit Feuer und Stahl von jedem Quadratzentimeter deutschen Bodens verjagen ... Und dann nehmen wir uns die Verbrecher in diesem Land vor, und das linke Schwein Prantl als ersten!«

Beispiel zwei: »Parteilose Bürger«, Poststempel Göttingen, fordern: »die Abschaffung des Asylrechts« und »ein kleines Schnittchen zur Durchtrennung der Eileiter«, nämlich »daß jede Negerin, Asiatin und Lateinamerikanerin nach der Geburt des zweiten Kindes sterilisiert wird«. Die Begründung folgt: »Die Menschen der Dritten und Vierten Welt kann man eigentlich nicht als Menschen bezeichnen, sie sind schlimmer als Tiere.« Und dann machen sich die »parteilosen Bürger« her über die Sinti und Roma: »Die 5.000, die bei uns eingedrungen sind, benehmen sich bei uns wie die Säue.« Dann die Albaner: »Zur Zeit dringen jeden Monat 20.000 dieser gewalttätigen, bestialisch stinkenden Menschen-Säue in unser Land und solche naiven Deutschen, wie Sie, Prantl, kämpfen für den Erhalt des Asylrechts! Es ist nicht zu fassen.«

Bis Ende 1990 kamen solche Schreiben anonym, auch das große Kuvert mit Dreck und Scheiße samt beigelegtem Zettel: »Das sind Sie!« Alsbald nach der deutschen Einheit aber wurden die Absender mutig; die letzten Hemmungen fielen weg. Die üblichen Tiraden (»Sie sind doch ein Inländerfeind, ein Deutschenhasser ersten Grades. Sehen Sie denn nicht, was auf uns zukommt? Das multikulturelle und multikriminelle Chaos kommt auf uns zu. Wollen Sie und Ihresgleichen das? Ja? Zumindest nehmen Sie es billigend in Kauf«) enden mit der Drohung: »Merken Sie sich gut: Ihr Kommentar wird gut aufbewahrt für den Tag X.« Auf dem Brief prangt nun nicht nur der Aufkleber: »Die Oder, Deutschlands Strom, nicht Deutschlands Grenze«, sondern, und das ist neu, und das wird jetzt die Regel, auch die volle Anschrift. Man bekennt sich jetzt wieder zu seinen Tiraden und fügt eine hektographierte »Patenschafts- und Bürgschaftserklärung« bei:

Der »Multikultur-Befürworter« soll sich verpflichten, eine Familie von »Sintis, Romas, Zulus ...« bei sich unterzubringen, und »für eventuell von ihr begangene Straftaten des Rauschgifthandels, Raubes oder Diebstahls geradezustehen«, und so weiter, ohne Ende.

Es sind nicht die sozial Deklassierten, die so schreiben. Es ist, zum Beispiel, der Studiendirektor in Ruhe, der auch gleich, »zur genauen und sorgfältigen Lektüre«, den Artikel beilegt, aus dem er seine Weisheiten bezieht: Nicht aus der »Deutschen National-Zeitung«, sondern aus einer großen Regionalzeitung, aus einer (fürchterlichen) Serie mit dem Titel »Zauberwort Asyl«, der siebte und letzte Teil: »Rascher Griff in fremde Taschen: 1990 ging jede vierte Straftat auf das Konto eines Ausländers / Essen im Müll / Zerstörungen.« Und aus Bonn kommt, gespeist von solchen Texten, der schriftliche Ruf der Frau E.: »Prantl erwache!«

Der Ton sagt alles; man kennt den Originalton. Die Asyldebatte hat den deutschen Tumor wieder aufbrechen lassen. Die Themen des alten Rechtsextremismus sind aus dem politischen Abseits herausgekrochen. Sie richten sich auf, recken sich und besetzen die Bühne der Politik: Auf dem Programm steht das Ende der Vergangenheitsbewältigung. Man wirft ihre Werbe- und Drohschriften zuerst in den Papierkorb. Später legt man eine Mappe mit Hetzgedichten an. Noch später schickt man die schlimmsten Tiraden an die Staatsanwaltschaft. Immerhin gibt es einen Paragraphen 130 im Strafgesetzbuch, in dem zu lesen steht: »Wer in einer Weise, die geeignet ist, den öffentlichen Frieden zu stören, die Menschenwürde anderer dadurch angreift, daß er zum Haß gegen Teile der Bevölkerung aufstachelt oder sie beschimpft oder verleumdet, wird mit Freiheitsstrafe von drei Monaten bis zu fünf Jahren bestraft.« Natürlich wird niemand bestraft, natürlich wurden die Verfahren eingestellt. Die Ausländer-Raus-Pöbeleien erfüllen »die von der Rechtsprechung geforderten Voraussetzungen nicht, weil sie zwar gegen das Bleiberecht eines Ausländers und damit im weiteren Sinne diskriminierend und ausländerfeindlich, nicht aber gegen ihr Lebensrecht in der Gemeinschaft und damit gegen den Persönlichkeitskern eines Ausländers gerichtet sind.« Mit solchem Wortgeklingel hat die Staatsanwaltschaft Rostock die Ermittlungsverfahren wegen Volksverhetzung nach den Ausschreitungen in Rostock eingestellt (AZ 312 Js 1252/92). Und so ähnlich wurden und werden alle Anzeigen wegen Volksverhetzung abgewimmelt. Wann ist der »Persönlichkeitskern« von Ausländern tangiert? Für deutsche Staatsanwälte erst dann, wenn sie zertrampelt am Boden liegen.

Es ist heikel, über Bestrafung nachzudenken, weil das zur Frage führt, wo die Strafbarkeit beginnt: Wie weit von Volksverhetzung war und ist eigentlich eine politische Agitation fast aller Parteien noch entfernt, die von ihrem Asylanten-Katastrophenjargon nicht einmal dann abließ, als die Landeskriminalämter mit dem Zählen der Übergriffe auf Ausländer nicht mehr nachkamen? Die Ausländerwohnungen brannten, und die Interviews der Politiker zur Änderung des Artikels 16 Grundgesetz wurden flammender denn je; geradezu mit Lust und immer wieder wurde von den Asylschwindlern geredet. Zur Sensibilität freilich könnte ohnehin kein Gericht einen Politiker verurteilen, und auch nicht dazu, sich dafür zu schämen, daß die Ausschreitungen nicht zur Mäßigung Anlaß gegeben haben. Kaum ein Mißstand, der nicht dem Sündenbock aufgeladen wurde. Artikel 16 und sein Schützling, der Flüchtling, waren angeblich an allem schuld. Das Leiden an der deutschen Einheit, das Unbehagen über eine unordentlich gewordene Welt: Artikel 16 mußte es schlucken. Der geschürte Haß entlud sich in Leserbriefen, in Hoyerswerda, Rostock, Mölln und Solingen. Nach der Jagd auf Ausländer in Hoyerswerda im Herbst 1991 standen die Reporter des ARD-Fernsehmagazins *Brennpunkt* in einer johlenden Menge auf dem Marktplatz der sächsischen Stadt. Sie haben gefragt, irritiert und fassungslos gefragt, und bekamen Antworten aus dem Publikum wie diese: Der Terror gegen die Ausländer müsse sein, »bis wir frei sind von dem Viehzeug«.

Zwanzig Jahre dauerte die Kampagne gegen das Asylrecht; mit der deutschen Einheit wurde sie lauter, schriller, orgiastischer: Eine Atmosphäre entstand, in der Humanität zum Schimpfwort geriet, in der ausgelacht wurde, wer für Schutz und Hilfe warb. Über den Artikel 16 Grundgesetz wurde geredet, als sei dies die Bezeichnung für Ungeziefer. Nach der Grundgesetzänderung wurde gerufen wie nach dem Kammerjäger. Freilich war die öffentliche Meinung auch des Mitleids fähig: In den Zorn über die steigenden Asylbewerberzahlen und die Angst um den eigenen Wohlstand mischen sich ab und zu Tränen der Rührung über ein verbranntes Ausländerkind. So etwas darf nicht sein, heißt es dann auch in den einschlägig bekannten Massenblättern. Andererseits könne es aber auch nicht ständig so weitergehen mit dem Asyl. Wie kaum eine andere Auseinandersetzung in der Geschichte der Bundesrepublik hat der sogenannte Asylstreit das Klima in Deutschland verändert, und zwar so sehr, daß es notwendig wurde, in Demonstrationen und Lichterketten die Fundamentalnorm des Gemeinwesens zu verteidigen: »Die Würde des Menschen ist unantastbar.«

Das ist etwa so, als müßte die Mathematik die Gleichung 1 x 1 = 1 verteidigen. Besinnung auf den allerkleinsten gemeinsamen Nenner tut not: daß man nämlich Menschen weder abstechen noch verbrennen oder zertrampeln darf. Deutschland ist und bleibt ein ausländerfreundliches Land: Deutsche Politiker, der Kanzler zuvorderst, haben das Erschrecken über das, was sie mitangerichtet haben, mit solchen Beschwörungen überspielt. Die exzessiv geführte Ausländer- und Asyldebatte hat den Extremisten von Wort und Tat legitimatorische Brücken gebaut.

Nein, sie seien keine Neonazis, keine Rechtsradikalen: In vielen Briefen steht eine salvatorische Klausel wie diese: »Vertritt man deutsche Interessen, wird man von der Weltmacht Medien als Rechtsextremist herabgesetzt und regelrecht fertiggemacht.« Oder die Briefschreiber verweisen, treuherzig boshaft, auf die bayerische Hymne: Stehe dort nicht: »Gott mit Dir, Du Land der Bayern«? Also kein Wort von Türken ... Sie sei doch, meint die Schreiberin, keine Rechtsradikale, weil sie es ablehne, einen Türken zu einem Deutschen zu machen: »Das geht sowenig, wie wenn ich mit meinem bayerischen Rauhhaardackel nach Tibet fliege, der wird doch auch kein tibetanischer Tempelhund.« Das formuliert eine Frau aus München-Schwabing am 18. 1. 1993. Und sie ergänzt: »Es ist nicht nur der Dr. Stoiber, der keine durchraßte Gesellschaft will.«

Manchmal bemüht man sich, den Leuten zu antworten. Manchmal sitzt man am Abend zwei, drei Stunden davor, und es fällt einem nichts ein. Manchmal muß man, zum Trost, zur Mappe mit den ganz anderen Briefen greifen, deren Schreiber über das neue Klima in Deutschland so erschrocken sind, wie man selber erschrocken ist. Und man versucht dann, nicht schwarzzusehen: Es gab die Lichterketten. Es gibt die vielen Initiativen für die doppelte Staatsbürgerschaft, für erleichterte Einbürgerung, für das Ausländerwahlrecht. Es gibt Pro Asyl. Es gibt Tausende von Gruppen in Deutschland, die sich um Flüchtlinge kümmern, die Ausländerkinder bei Hausaufgaben betreuen. Es gibt Pfarrgemeinden, die Flüchtlinge aufnehmen, ja sogar vor der Abschiebung verstecken ... Es gibt wohl zwei deutsche Seelen.

Arzu Toker

Der ethnozentrische Blick

Am 5.11.1992 wandten sich die Vorsitzenden der ARD-Gremien mit einem Appell an die Öffentlichkeit; sie forderten Menschlichkeit, Toleranz und gesellschaftliche Verantwortung öffentlich-rechtlicher Sender. Ich vertrete seit 1985 im Rundfunkrat des WDR die Ausländer. Nehme ich die Aussage der ARD-Gremien ernst? Steckt hinter dieser Aussage auch ein Verständnis, das eine Struktur schafft, die es nicht nur den *Deutschen*, sondern auch Menschen anderer Herkunft und dem *Europäer* ermöglicht, mitzuwirken? Ich nehme die Erklärung der ARD-Gremien nicht ernst. Denn die obige Erklärung ist eine nach gesellschaftlichen Normen in Deutschland erforderliche Geste. Um ernst genommen zu werden, müßten die öffentlich-rechtlichen Sender, vor allem WDR und ARD, dieser Erklärung Leben verleihen, das heißt: ihre Organisationsstruktur überprüfen, Grundsatzerklärungen und Durchführungsmaßnahmen entwickeln. Dies wurde bisher sowohl im Bereich der Behinderten als auch der Frauenförderung verwirklicht. Die ethnischen Minderheiten jedoch werden nicht berücksichtigt, Rassismus in den eigenen Anstalten wird weder untersucht noch konsequent verfolgt.

Chancengleichheit nicht erreicht!

Besonders bedenklich erscheint mir, daß ausgerechnet die öffentlich-rechtlichen Rundfunkanstalten der neuen Bundesländer erklären, daß sie die Fremdsprachensendungen nicht mittragen wollen, da sie ohnehin zu wenige oder keine Ausländer in ihren Ländern hätten. Verweigern diese Anstalten der neuen Bundesländer eine milde Gabe? Nein:

■ Diejenigen, die gar nicht vorkommen, also die Ausländer, um die es hier geht, zahlen Gebühren wie jeder andere, Gebühren, die unter den Anstalten aufgeteilt werden, ohne zu berücksichtigen, wo die meisten Ausländer leben.

■ Ausländer zahlen auch Solidaritätsbeiträge, ohne direkt mit der Wiedervereinigung etwas zu tun zu haben. Sie finanzieren damit, genau wie alle anderen Steuerzahler auch, den »Aufbau Ost«.

■ Besonders bedenklich ist, daß dem Verhalten der öffentlichrechtlichen Anstalten der neuen Bundesländer nicht als Rassismus begegnet wird. Hingegen versucht man, auf dem Rücken der Ausländer Kompromisse zu schließen.

Allerdings kann das Übel des ethnozentrischen Blicks nicht nur bei einigen Anstalten gesehen werden. Gesellschaftliche Verantwortung zu verwirklichen, fängt auch für die Medien im eigenen Haus an. So klagen Journalisten derzeit zwar sehr laut die Fremdenfeindlichkeit an, aber sie halten die Ausländer sehr wirksam aus ihren eigenen Reihen fern und benutzen sie nach wie vor als Objekte. In kaum einer Redaktion arbeiten nichtdeutsche Journalisten. Man erwartet von ihnen, daß sie nur die Themen, die sie selbst betreffen, bearbeiten. Berichte, die sie über sogenannte deutsche Belange oder über andere Nationalitäten machen wollen, werden so gut wie nie angenommen.

Diese Diskriminierung findet sich in allen Bereichen. Auch in Studien über Journalismus bleibt das Thema Ausländer unberücksichtigt. »Media Perspektiven« (1/93) gibt Aufschluß über die Zahl der Journalisten in Deutschland (36.000) und über die Bereiche, in denen sie arbeiten (Zeitungen 47,5 %, Zeitschriften 17,5 %; öffentlich-rechtlicher Rundfunk 17 %), aufgeschlüsselt nach Geschlecht, Hierarchie und dem Anteil der Ost- und Westdeutschen, nicht aber in bezug auf ausländische Journalisten. Weil die Zahl in Prozent nicht auszudrücken ist? Angehörige ethnischer Minderheiten müßten, um entgegenwirken zu können, eine gewisse gesellschaftliche Stellung innerhalb des entscheidungtreffenden Systems innehaben und die Kontrolle über einen Teil der Finanzen. Entwickelt werden müßten Kontrollmaßnahmen zur Einhaltung der Chancengleichheit und die Mitarbeiterausbildung. Die deutschen Fernseh- und Rundfunkanstalten müssen sich zunächst einmal des Ernstes der Lage bewußt werden und ihre »deutsche« Sichtweise reflektieren. Sie müssen auch ihr Versagen in punkto Gleichberechtigung, Chancengleichheit, kurzum: Menschenrechte, erkennen.

Funktionalisierter Journalismus

Journalisten lassen sich, indem sie Äußerungen der Politiker, Verlautbarungen der Polizei und Entscheidungen der Gerichte unhinterfragt wiedergeben, von der Politik als Mittel zum Zweck benutzen. Aus der Widerspiegelung politischer Anliegen in der journalistischen Berichterstattung ist auch die Idiomatisierung von *Mölln* zu erklären. Die Opfer in Mölln waren nicht die ersten ermordeten Ausländer. Am 30.6.1987 sind zwei Tamilen infolge eines Brandanschlags auf ein Flüchtlingsheim in Detmold gestorben, viele andere Morde folgten diesem. Dennoch spricht die Presse immer, wenn sie von Gewalttaten an Ausländern berichtet, selbstverräterisch mit dem Idiom *seit Rostock und Mölln*, als ob der Tod der Tamilen keine so große Bedeutung hätte. Der einzige Unterschied besteht nur darin, daß das Ausland vor Rostock und Mölln nicht aufmerksam geworden war.

Die Presse hat erst dann für Aufmerksamkeit gesorgt, als das Ausland reagierte und die Bundesregierung verzweifelt eine demokratische Öffentlichkeit schaffen wollte, die dem Ausland zeigt, daß *Deutsche* gegen diese Gewalt sind. Andererseits kann nicht bestritten werden, daß die Protestwelle der Bevölkerung ohne die Presse nicht möglich geworden wäre; schon gar nicht kann sich die indifferente Politik diesen Erfolg auf die Fahne schreiben, auch wenn die Politiker sich gezwungen sahen, an der Spitze der Proteste zu marschieren.

Vertretung der Minderheiten in den Mediengremien

Das Recht, in den Rundfunkräten Migrantenvertreter haben zu können, wird seit einigen Jahren für alle Bundesländer gefordert. Dabei wird übersehen, daß, so richtig diese Forderung im Prinzip ist, die Rundfunkräte außer beim WDR keine Entscheidungsbefugnisse haben, sondern lediglich empfehlen dürfen. Es muß also ein Rundfunkrat konstituiert werden, der die Bevölkerung repräsentativ vertritt und der auch Entscheidungen fällen kann.

Das Thema Minderheiten darf nicht nur deren Vertreter interessieren, sondern es ist der Maßstab der Demokratie. Jede Diffamierung, jede Diskriminierung eines Ausländers, vor allem in den Medien, bedeutet gleichzeitig eine Verletzung ethischer Werte, des Menschseins überhaupt. Deshalb geht es nicht darum, nur die Vertreterin oder den Vertreter der Ausländer zu unterstützen, sondern darum, daß das Aufgreifen dieses Anliegens für das Selbstbild eines jeden Rundfunkratmitglieds und seine Selbstachtung unabdingbar ist. Mit der Forderung einer Vertretung im Rundfunkrat muß, solange die ausländischen Journalisten nicht ein selbstverständlicher Bestandteil der Redaktionen sind, auch die Forderung nach einem Beauftragten oder einem Medienbüro gegen Rassismus und/oder Diskriminierung im eigenen Programm beziehungsweise in den Anstalten gestellt werden. Einige Anstalten haben bereits das Amt solcher Beauftragten eingerichtet, aber deren Aufgabenkatalog und deren Wirkungsmöglichkeiten sind begrenzt. Außerdem scheint bisher weder diesen Beauftragten noch den Anstalten die Frage eingefallen zu sein, warum diese Personen allesamt Deutsche und keine Ausländer sind.

Ungeachtet dessen müßte dieses Amt direkt beim Intendanten angesiedelt sein; es müßte ressortübergreifend arbeiten und Programmvorschläge, nicht nur Programmkritik, erarbeiten.

Eine ganz wesentliche Aufgabe solcher Beauftragten wäre die Sichtung der eigenen Programme auf Rassismus und Diskriminierung. Daneben sehe ich einen wichtigen Ansatzpunkt in der Fortbildung der Mitarbeiter; denn nicht nur konsequentes Vorgehen gegen Rassismus ist gefordert, sondern eine Änderung in den Ansichten, in der persönlichen Haltung.

Imme de Haen

Was tun, wenn der Täter sympathisch ist?

In der Nacht vom 3. zum 4.10.1991 entzündete ein Molotow-cocktail das Bett der siebenjährigen Zeinab Saado in Hünxe. Sie überlebte nur knapp, mit schweren Brandwunden. Das war nach Hoyerswerda und vor Rostock. Seit dieser Zeit hat sich die Atmosphäre in der Bundesrepublik verändert. Offener Ausländerhaß findet immer häufiger sein gewalttätiges Ventil. Überfälle auf Asylbewerberheime, auf Ausländer oder auch nur fremd aussehende Menschen gehören fast schon zum Alltag. Sie machen keine Schlagzeilen mehr. Sie sind so häufig geworden, daß keiner sie mehr als Exzesse irregeleiteter Jugendlicher abtun kann. Eine gefährliche Entwicklung: Vorurteile, Haß und physische Aggression gegen Menschen, die bei uns leben, bei uns Schutz suchen, werden geduldet, verharmlost, salonfähig. In einer Gesellschaft, deren Öffentlichkeit und Entscheidungsprozesse wesentlich von Massenmedien geprägt und beeinflußt sind, ist die Frage nach dem Anteil der Journalisten an dieser Entwicklung dringend notwendig. Über diese Frage wird mittlerweile in vielen Redaktionen nachgedacht. Dabei wird die Themenauswahl bei der Berichterstattung über Ausländer, Asylbewerber und fremdenfeindliche Aktionen ebenso reflektiert wie die Gestaltung und Plazierung solcher Berichte. Medienethische Fragen werden konkret diskutiert. Es entsteht bei vielen verantwortungsbewußten Journalisten Nachdenklichkeit über Rolle und Funktion des Journalismus in unserer Gesellschaft, ein Thema, das bis dahin eher den Akademietagungen vorbehalten war. Immer wieder taucht dabei die Frage auf, wie mit den versteckten Aggressionen und Vorurteilen der schweigenden oder auch applaudierenden Menge umzugehen sei, wie man Leser, Hörer und Zuschauer zu mehr Offenheit und Toleranz bewegen könne. Von den versteckten Aggressionen und Vorurteilen derer, die Nachrichten auswählen und formulieren und über diese Vorfälle berichten, ist in solchen Diskussionsrunden seltener die Rede. Dabei ist Ehrlichkeit sich selbst gegenüber eine der Grundvoraussetzungen für guten Journalismus.

Vorurteil Nr. 1: Alle haben Vorurteile – nur ich nicht

Ein Jahr nach dem Verbrechen in Hünxe macht Esther Schapira, Journalistin beim Hessischen Rundfunk, den Versuch, in einem Film über Zeinab und ihre Familie, über die jugendlichen Täter und die Einwohner von Hünxe den Ursachen für diesen Überfall nachzuspüren. Als sie mit den Tätern spricht, stellt sie zu ihrer eigenen Überraschung fest, daß die ihr ganz sympathisch sind. »Ich hatte wohl eine feste Vorstellung von ihnen und war auf ziemlich abstoßende Typen gefaßt«, erzählt sie. »Und dann waren die so schrecklich normal, erinnerten mich fast ein bißchen an unsere Nachbarjungens. Und schon wurden meine Fragen weicher, einfühlsamer. Dagegen war mir der Vater von Zeinab ziemlich unsympathisch. Ich hatte das Gefühl, er vermarkte das Unglück seiner Tochter. Und eine neue Lederjacke hatte er auch an!« Esther Schapira macht sich ihre Gefühle – und damit auch ihre Vorurteile – bewußt, während der Vorgespräche, der Dreharbeiten und beim Schneiden.

Vorurteile im Sinne vorgefaßter Urteile zugunsten ihrer Freunde und der Gruppe, der sie sich zugehörig fühlen, haben alle. Hier sollen Vorurteile verstanden werden als »Prädisposition, sich bei der Wahrnehmung, beim Handeln, Denken und Fühlen gegen eine andere Person oder Gruppe zu richten (...), als seien (deren Zugehörige) nicht Individuen mit jeweils einzigartiger Persönlichkeit, sondern als gehörten sie unterschiedslos zu einer als negativ betrachteten Kategorie« (Newcomb).

Es gehört zur Definition von Vorurteilen, daß sie unbewußt sind und dadurch schwer veränderbar. Genauso gehört zum Unbewußten der Vorurteile, daß man sie an sich selbst nicht leicht entdecken kann. Viel besser zu sehen sind die der anderen. Vorurteile sind auch bequem. Sie machen den Umgang mit der Realität so wunderbar einfach. Die spießigen Deutschen, die trockenen Engländer, die leichtsinnigen Franzosen – wer kennt nicht solche Vorurteile, wer spricht sie nicht leichthin aus, ohne böse Hintergedanken?! Ganz anders, wenn jetzt im Ausland wieder vom *schrecklichen Deutschen* die Rede ist. Da möchten wir uns doch bitte differenziert betrachtet sehen und finden solche Vorurteile pauschal und unangemessen. Daran ist unschwer zu erkennen, wie die Reaktion auf Vorurteile von Gleichgültigkeit (die *ordentlichen Deutschen*) in Abwehr (der *schreckliche Deutsche*) umschlägt.

Bei der Recherche zu einem Thema, bei der Auswahl und dem Umgang mit Interviewpartnern sind die Vorurteile der anderen präsent, die eigenen aber weithin unbewußt. Nur die wache und selbstkritische Reflexion hilft, sie bewußtzumachen.

Vorurteil Nr. 2: Ich berichte doch nur, was ich sehe

Auf dem Bildschirm nächtliche Randale vor einem Asylbewerberheim. Im Scheinwerferlicht eine Gruppe Skinheads, lachend und lärmend. Einer hebt den Arm zum Hitlergruß, die anderen folgen, ein paar markige Sprüche fallen. Bedrückende Bilder, die an vergangene Zeiten erinnern. Was die Zuschauer nicht wissen: Das Fernsehteam hatte den Skinheads ein paar Mark in die Hand gedrückt, um mit ein paar schönen Bildern in die Redaktion zurückzukommen.

Das ist ein extremes und bisher eher seltenes Beispiel. So deutlich braucht die Wirklichkeit gar nicht manipuliert zu werden. Durch die Wahl der Themen, die formale Verarbeitung, die Auswahl von Bild und Ton entsteht immer ein subjektives Bild der Wirklichkeit. Vielen Lesern und Zuschauern ist das immer noch nicht bewußt, auch wenn das Fernsehen – nicht zuletzt durch solche Vorfälle – mittlerweile an Glaubwürdigkeit eingebüßt hat. Solange es noch Journalisten gibt, die meinen, daß sie die Wirklichkeit abbilden, wie sie ist, und Zuschauer, die glauben, daß das, was sie auf dem Bildschirm sehen, die Wirklichkeit sei, so lange werden Vorurteile wirken und die Wahrnehmung der Wirklichkeit verzerren.

Vorurteile werden von Kindheit an und lebenslänglich »gelernt«. Sie beeinflussen das Denken und Handeln und strukturieren die Wahrnehmung. Wer das Vorurteil hat: »Alle Ausländer sind laut und faul«, wird ständig lärmenden, fremdartig aussehenden Menschen begegnen und dies zu einer Tageszeit, zu der »anständige Menschen arbeiten«. Wer mit einer festen, vorgefaßten Meinung auf Recherche geht, dem wird es nicht schwerfallen, sie bestätigt zu finden. Einfache Wahrheiten sind schneller zu haben und leichter zu verkaufen als differenzierte. Auch für Journalisten. Vor allem, wenn Produktionszeiten zum Recherchieren kaum Zeit lassen und die Sendedauer zum Verkürzen zwingt. So entsteht ein Holzschnitt-Journalismus, der sich in plakativen Sätzen, sensationellen Bildern oder Schwarzweißmalerei in fetten Überschriften präsentiert. Und damit zur Entstehung oder Verfestigung von Vorurteilen beiträgt.

Esther Schapira hat einen sensiblen, ruhigen Halbstundenfilm gemacht. Sie hat mit Zeinab geredet, mit den Tätern und ihren Freunden. Hat sie mit den Bildern von Zeinabs Verletzungen konfrontiert und ihre Reaktionen beobachtet. Die Täter wirken tatsächlich erschreckend normal. Es könnten wirklich die Jungens von nebenan sein. Der Vater von Zeinab kommt in dem Film nicht vor.

Vorurteil Nr. 3: Die Wirkung der Meldung ist nicht mehr meine Sache

In einer mittleren Kreisstadt findet ein Kongreß der Sinti und Roma statt. Ein Journalist kommt mit der Nachricht in die Redaktion, daß seit Beginn des Kongresses die Diebstähle in der Region sich verdreifacht haben. Ist das einen Bericht wert? Werden damit nicht die uralten Vorurteile zementiert: »Alle Zigeuner stehlen«? Vielleicht tun sie's ja wirklich, und man muß die Bevölkerung warnen! Vielleicht suchen andere die Gelegenheit zum Stehlen und machen sich die alten Vorurteile zunutze? Der Kongreß ist morgen zu Ende. Eine Warnung würde nicht mehr greifen. Bringen wir den Bericht?

Auf der einen Seite steht die Pflicht zur Information. Das ist die Hauptaufgabe des Journalismus. Aber ist es seine einzige? Auf der anderen Seite steht die Tatsache, daß Massenmedien die öffentliche Meinung nicht nur spiegeln, sondern auch formen. Was nicht in den Medien ist, ist nicht. Informieren oder totschweigen? Berichtspflicht kontra vermuteter Wirkung? Darf eine Information unterschlagen werden, weil deren Wirkung nicht abzusehen ist, weil zu befürchten ist, daß einzelne oder ganze Gruppen dadurch Schaden leiden? Alte Grundsätze des Journalismus müssen unter den gegenwärtigen Bedingungen neu bedacht werden, denn die Grenze zur Manipulation ist schnell überschritten. Wer weiß denn schon, wie welche Meldung wirklich wirkt und welcher Schaden angerichtet werden kann? Aber kann es überhaupt eine Rechtfertigung zur Unterdrückung von Informationen geben?

Hat die Berichterstattung über die Republikaner manchen Wähler erst auf Ideen gebracht? Wie oft sind gutgemeinte Diskussionsrunden aus dem Ruder gelaufen, weil eingeladene Gäste, die mit ihrer Gesinnung vorgeführt werden sollten, diese Plattform geschickt für ihre Zwecke nutzten! Wie gut sind Journalisten ihren rechten Interviewpartnern gewachsen, die sich längst nicht mehr mit markigen Sprüchen entlarven, sondern Kreide gefressen haben und routiniert und um Sympathie werbend ihre Sache vertreten?

Die journalistische Form gewinnt eine zusätzliche Bedeutung. Worte müssen mehr als bisher gewichtet, Bilder sorgfältiger gewählt, Schlüsse noch vorsichtiger gezogen werden. Und die eigenen Vorstellungen, die eigenen Vorurteile müssen bewußtgemacht und mit einbezogen werden in die Reflexion über Inhalt und Form.

Vorurteil Nr. 4: Mit ein bißchen gutem Willen auf allen Seiten können wir Vorurteile vermeiden oder abbauen

Auf einem Festplatz ein Konzert: Rock gegen Rechts. Durch die dicht an dicht stehenden Besucher drängeln sich Skinheads. Man macht ihnen widerwillig, aber auch ein bißchen ängstlich Platz. Sie tragen Plakate mit der Aufschrift: »Ausländer sind unsere Freunde!« Oder: »Skinheads gegen Rechts!« Bei dem Bericht über das Rockkonzert im abendlichen Regionalfernsehen kommen die Skinheads nicht vor.

Vorurteile werden »gelernt«, ein Leben lang. Sie werden als Teil der gesellschaftlichen Werte und Normen vermittelt, lange bevor konkrete Erfahrungen die eigenen Haltungen beeinflussen. Auch im Erwachsenenalter spielt die konkrete eigene Erfahrung, das wurde in psychologischen Experimenten nachgewiesen, eine geringere Rolle als die über Jahre erworbene Haltung. Es fällt leichter, die eigene Wahrnehmung zu verleugnen, als ein gewachsenes

Vorurteil zu verändern. So kann das innere Gleichgewicht aufrechterhalten bleiben; Informationen, die es stören könnten,
werden nach Möglichkeit verleugnet, mißachtet, verdrängt oder
vergessen. Die Welt ist wieder in Ordnung.

Das gilt auch für Journalistinnen und Journalisten. Wenn bei der
Recherche Zusammenhänge sichtbar werden oder Informationen
auftauchen, die eine Ausgangshypothese in Frage stellen oder
nicht zum Konzept passen – wer ist flexibel, offen und souverän
genug, Ausgangshypothese und Konzept entsprechend zu verändern? Wer kann eine Irritation seines inneren Gleichgewichts
durch unbequeme Informationen aushalten? Und Beiträge
machen oder Artikel schreiben, die den bequemen Seelenfrieden
der Leser und Hörer stören, die beunruhigen und doch so gemacht sind, daß sie nicht sofort beiseite gelegt werden?

Vorurteile bei sich selbst und anderen sind so schwer veränderbar,
weil die Information, die diese Vorurteile verändern könnte, gar
nicht wahrgenommen wird. Das gießt viel Wasser in den Wein
derjenigen Journalistinnen und Journalisten, die mit ihrer Arbeit
die Welt verändern wollen. Dem Abbau von Vorurteilen durch
Journalismus werden hier deutliche Grenzen gesetzt. Aber das ist
kein Grund, nicht immer wieder zu versuchen, Informationen so
aufzubereiten und anzubieten, daß sie Verständnis und Mitgefühl ermöglichen. Für die Opfer, die viel zu selten als Individuen
mit einer unverwechselbaren Geschichte dargestellt werden. Aber
auch die Täter müssen in ihren Motiven verstanden werden, wollen wir nicht die Hoffnung aufgeben, auch sie seien zur Humanität zurückführbar.

Das hat nichts mit Verständnis für ihre Taten, für feige Überfälle
und Mordanschläge zu tun, die durch nichts zu entschuldigen
sind. Vorurteile und Aggressionen entstehen vor allem aus Angst
und Unsicherheit. Ein Vorurteil zu haben ist immer ein Zeichen
der Schwäche.

Vorurteile abzubauen ist ein schwieriger Prozeß. Er erfordert
Sorgfalt und Disziplin, Offenheit und die Bereitschaft zur Ver-
änderung. Vor allem aber Sachkenntnis. Sie ist eine wichtige
Grundvoraussetzung, um Vorurteilen – eigenen und fremden –
auf die Spur zu kommen. Sachkenntnis ermöglicht es, in der
Konfrontation mit Vorurteilen diese zu entlarven. Nur mit Sach-

kenntnis kann man dem Vorurteil begegnen, daß die Ausländer uns die Arbeitsplätze wegnehmen oder daß alle Asylanten sich auf Staatskosten ein schönes Leben machen.

Vorurteil Nr. 5: Die Dinge sind so kompliziert – ich kann da ja doch nichts machen!

Wer sich zu hohe Ziele setzt, wird resignieren. Besser ist es, Schritt für Schritt vorzugehen. Die ersten Schritte sind relativ einfach: Die Diskrepanz zwischen der vorgefaßten Meinung, dem eigenen Vorurteil und einer aktuellen Erfahrung weckt Neugier und Interesse. Das gibt Anlaß für eine Idee, für ein Thema. Damit kann ein spannender Weg beginnen.

Am Anfang dieses Weges stehen Fragen. Zunächst an sich selber. Etwa:
- Warum habe ich mir dieses Thema gewählt, wie wichtig ist es mir?
- Weckt es in mir Ängste?
- Welche Erfahrung habe ich mit diesem Thema?
- Welche Zielvorstellungen verbinde ich damit?
- Wer ist meine Zielgruppe?
- Welche Hypothesen habe ich zu diesem Thema? Sind sie offen, oder habe ich bereits feste Vorstellungen?

Und weiter:
- Welche Bedeutung hat dieses Thema zur Zeit in der Öffentlichkeit?
- Wo liegt sein journalistischer Wert?
- Welche Vorurteile sind mir dazu bekannt und bei wem?
- Was erwarte ich von meinen Gesprächspartnern?
- Was tue ich, wenn sie meinen Vorstellungen nicht entsprechen? Ändere ich meine Partner oder meine Vorstellungen?
- Welche Informationen vernachlässige ich, weil sie so schlecht zu meiner Hypothese passen?
- Kann ich nach der Sendung, nach der Veröffentlichung meinen Informanten noch begegnen?

■ Bin ich während des Interviews ehrlich mit meinen Gesprächspartnern?

■ Stelle ich die kritischen Fragen während des Gesprächs oder erst hinterher im Text?

■ Was tue ich, wenn ich mit Vorurteilen konfrontiert werde – bei mir oder anderen –, deren Veränderung schmerzhaft ist?

Mit solchen Fragen können die Fallstricke der eigenen Vorurteile vermieden werden. Ihre Beantwortung tut manchmal weh, wenn sie ehrlich ist. Aber Journalismus tut manchmal weh, vor allem, wenn die eigenen Grenzen sichtbar werden.

»Wenn du Zeit zum Nachdenken investierst«, sagt Marlies v. Rössing, Hörfunkjournalistin beim Hessischen Rundfunk, »machst du spannende Entdeckungen – bei dir selber. Und du merkst, daß viele Vorurteile und Probleme nicht die der anderen sind, sondern deine.«

III. Fazit: Weder polarisieren noch moralisieren

Beate Winkler

Der Umgang der Medien mit »dem Fremden«

Die Kritik an den Medien hat in der letzten Zeit zugenommen. Tragen die Medien nicht mit dazu bei, daß Gewalt und Fremdenfeindlichkeit in unserer Gesellschaft immer mehr zunehmen? Werden diejenigen, die Gewalt ausüben, durch ihre Beiträge nicht in der Haltung bestärkt: Endlich schaut man uns zu? Dies sind nur zwei Beispiele für kritische Fragestellungen, denen die Medien ausgesetzt sind. Aber auch viele Journalisten und Experten in den Medien selbst und in dem weiten Feld der Öffentlichkeitsarbeit sind sich zunehmend unsicher, ob sie die Themen Fremdenangst und Fremdenfeindlichkeit, Rechtsradikalismus und Gewalt in ihrer Arbeit angemessen behandeln. Sie befürchten, mit ihren Beiträgen und Appellen gegen Vorurteile und Fremdenfeindlichkeit Ängste zu verstärken und zu polarisieren, statt zur gegenseitigen Verständigung zwischen einheimischer Mehrheit und zugewanderten Minderheiten beizutragen und Perspektiven für das Zusammenleben zu vermitteln. Gert Monheims Beitrag in diesem Buch befaßt sich mit diesem Problem.

Entscheidende Zukunftsaufgabe auch für die Medien: Migration, Integration und Minderheiten

Kritik aufzugreifen, eigenen Zweifeln nachzugehen, gemeinsam neue Lösungsansätze zu entwickeln und Anregungen zum Nach- und Weiterdenken zu geben, ist notwendiger denn je, denn die weltweiten Wanderungsbewegungen werden sich verstärken und vor den Toren Deutschlands nicht haltmachen. Die Gründe für die Wanderungsbewegungen sind vor allem das Bevölkerungswachstum im Süden der Welt, der ungleich verteilte Reichtum und die ungerechte Weltwirtschaftsordnung, die sich hinter dem Begriff Nord-Süd-Konflikt verbergen, die zunehmende Internationalisierung und Arbeitsteilung der Wirtschaft, die Entwicklung unserer Kommunikations- und Transportwege und nicht zuletzt die Unterdrückung und die Verletzung von Menschenrechten, vor allem die Verfolgung von ethnischen, religiösen und kulturellen Minderheiten.

Nicht nur die Politik ist aufgefordert, auf den Zuwanderungsdruck durch die verantwortliche Gestaltung einer Migrations-, Integrations- und Minderheitenpolitik zu reagieren, sondern auch unsere Gesellschaft mit ihren unterschiedlichen Gruppen und Institutionen muß auf diesen zunehmenden Aufnahmedruck antworten. Er wird dazu führen, daß in Deutschland eine wachsende Zahl von Angehörigen kultureller und ethnischer Minderheiten leben wird. Die Dimension der Probleme, die damit gesellschaftlich und politisch verbunden sind, wird aber immer noch nicht ausreichend wahrgenommen. Vielen ist auch nicht bewußt, daß fast alle gesellschaftlich relevanten Fragen, die zur Zeit diskutiert werden – wie zum Beispiel die Themen Gewalt, soziale Situation, deutsche Einigung, demographische Entwicklung – sich auf das Zusammenleben von einheimischer Mehrheit und zugewanderten Minderheiten auswirken und Fragen des Themenkomplexes Einwanderung berühren. Die Themenbereiche Migration, Integration, Minderheiten müssen in den Mittelpunkt unserer Diskussion gestellt werden. Dies gilt für die Politik, aber auch für die Gesellschaft.

Um von einseitigen Schuldzuweisungen loszukommen, die die Lösung der Probleme eher verhindern, als sie zu fördern, muß sich jeder einzelne und jede Institution im politischen und gesellschaftlichen Bereich fragen und fragen lassen, welchen Beitrag er oder sie selbst leistet, um Probleme angemessen aufzugreifen, Handlungsmöglichkeiten zu zeigen und Perspektiven zu vermitteln. Auch und besonders sind hier die Medien gefragt. Medien sind nicht nur Spiegel unserer Gesellschaft; sie selbst beeinflussen unmittelbar unsere Wirklichkeit. Sie können Ängste, Verunsicherungen und Vorurteile abbauen. Sie können die Gleichgültigkeit gegenüber den zugewanderten Minderheiten unterstützen, aber auch für ihre Situation sensibilisieren.

Ansatzpunkte

Die Ereignisse in Osteuropa, die Rassenunruhen von Los Angeles haben gezeigt, welchen weitreichenden gesellschaftlichen Einfluß Medien haben können.

Dabei gilt es allerdings nicht zu hohe Erwartungen zu hegen – weder an sich selbst noch an die Institution, in der man arbeitet. Man darf die Medien nicht unterschätzen, aber eben auch nicht überschätzen und hoffen, daß sie die Probleme schon in den Griff bekommen werden. Bei dem Themenkomplex Migration und Integration, Minderheiten und bei dem Problembereich Fremdenfeindlichkeit und Gewalt handelt es sich um gesellschaftlich hochkomplexe Phänomene, die von vielen, ganz unterschiedlichen Faktoren beeinflußt sind. Aber jeder hat für seinen eigenen Bereich die Verantwortung dafür zu tragen, ob er die Voraussetzungen für ein gleichberechtigtes Zusammenleben fördert, die gegenseitige Verständigung unterstützt und Gewalt und Rechtsextremismus soweit wie möglich entgegenwirkt.

Während meiner langjährigen Tätigkeit im Amt der Ausländerbeauftragten der Bundesregierung, vor allem als Initiatorin und Jurymitglied des CIVIS-Hörfunk- und Fernsehpreises habe ich mich immer wieder mit der Fragestellung auseinandergesetzt, ob die Medien einen, und wenn ja, welchen konkreten Beitrag leisten können, um die Probleme des Zusammenlebens und der Zuwanderung gesellschaftlich besser bewältigen zu können. In Diskussionen mit Journalisten und Wissenschaftlern, bei meiner Tätigkeit in den Medien selbst, in Gesprächen mit einer Arbeitsgruppe von Psychoanalytikern und Journalisten und nicht zuletzt in den Beiträgen der Autoren dieses Handbuchs haben die folgenden Aspekte in Hinblick auf diese Fragestellung eine besondere Bedeutung gehabt. Sie sollen Anregung zum Nach- und Weiterdenken bei der Arbeit in den Medien sein:

Sich der positiven, aber auch der negativen Wirkungsmöglichkeiten von Medien bewußt sein

Ohne im einzelnen auf das schwierige Feld der Medienwirkungsforschung einzugehen – was bei Klaus Schönbach im einzelnen nachzulesen ist –, ist folgendes feststellbar:

Durch die Art der Darstellungen in »den« Medien sind Verhaltensänderungen und ist damit auch Lernen des einzelnen möglich. Die Personen in Kino-, Fernseh- und Videofilmen, in Fernsehspots, Zeitungen und Zeitschriften vermitteln Normen und Einstellungen, Vorurteile und Handlungsmöglichkeiten. Gerade diese Verhaltensmodelle sind es, die Vorbild vor allem für Kinder und Jugendliche sein können und ihr Verhalten prägen. Sicherlich setzen wir nicht alles, was wir gelernt haben, in Verhalten um. Aber neue Verhaltensmodelle können sowohl Handlungen hemmen als auch enthemmen. Neben positiven Auswirkungen können Medien auch Negatives bewirken, sie können Ängste wecken und Verwirrung stiften und auch Gewalt bestärken. Durch sie kann man sich an Gewalt gewöhnen.

In einer Kultur, in der einerseits große Normenunsicherheit und Orientierungslosigkeit herrschen und andererseits aggressive, gewalttätige, fremdenfeindliche Darstellungen in den Medien einen besonders hohen Anteil haben, ist das Risiko größer, daß Medienbeiträge negative Auswirkungen haben. Dies trifft auf unsere gesellschaftliche Situation zu und macht sich besonders bei Kindern zwischen 10 und 14 Jahren bemerkbar. Sie haben Zukunftsangst. Sie fühlen sich bedroht. Gerade diese Jugendlichen sind es, die vielfach reißerische Gewaltszenen aufschnappen, die sie nicht verdrängen können. Sie neigen dazu, sich auch mit den negativen Heldinnen und Helden zu identifizieren und sie zu heroisieren, gerade weil oft positive Identifikationsfiguren und klare gesellschaftliche Normen fehlen.

Und Medien vermitteln Weltbilder besonders eindringlich den Menschen, denen es an eigenen Erfahrungen fehlt. Die eigenen Erfahrungs- und Wahrnehmungsbereiche werden in unserer Gesellschaft aber immer mehr eingegrenzt. Wir nehmen immer deutlicher segmentiert wahr, bewegen uns beispielsweise fast nur noch in unserer eigenen Berufsgruppe. Andere Lebensformen und Erfahrungsebenen fallen damit leicht aus unserem Blick. Wir selbst werden zum alleingültigen Maßstab. Diesen gilt es auch in den Medienbeiträgen zu relativieren, gerade, wenn es um Weltbilder geht.

Und umgekehrt müssen auch Zuschauer und Zuhörer, Leser und Betrachter relativieren. Ihnen ist oft zu wenig bewußt, daß die

Medienrealität nur eine Scheinrealität ist und mit der Wirklichkeit nicht verwechselt werden darf. Man erfährt bei einem intensiven Medienkonsum Realität nicht mehr unmittelbar. Der direkte Austausch mit Menschen nimmt ab, und so reagiert man kaum mehr direkt auf Einstellungen und Verhalten von anderen. Man erlebt daher auch immer weniger Reaktionen auf die jeweils eigenen Verhaltensweisen. Bei quantitativ hohem Medienkonsum besteht daher die große Gefahr, daß man nicht lernt, sich produktiv mit den Einstellungen und Verhaltensmöglichkeiten anderer Menschen auseinanderzusetzen und Probleme und Konflikte mit ihnen gemeinsam konstruktiv zu lösen. Dies trifft besonders auf junge Menschen zu.

Diese Wirkungsmöglichkeiten von Medienbeiträgen bringt vor allem Journalistinnen und Journalisten in ein Dilemma: Auf der einen Seite gibt es die Chronistenpflicht und die Aufgabe der Medien, über Ursachen, Hintergründe, Zusammenhänge von Fremdenfeindlichkeit, Rechtsextremismus und Gewalt aufzuklären. Auf der anderen Seite gibt es die Gefahr der kontraproduktiven Wirkung und des Mißbrauchs des Mediums im Sinne der Verstärkung des Negativen und der Akzeptanz von Gewalt. Welche Fragestellungen in diesem Zusammenhang eine Auseinandersetzung fordern, greift Imme de Haen in ihrem Beitrag auf.

Die eigene Kompetenz im Umgang mit den Phänomenen Fremdenangst und Fremdenfeindlichkeit stärken

In den Medien fehlt vielerorts ein differenzierter und sensibler Umgang mit der »Angst vor dem Fremden«. Es fehlt gerade in diesem Bereich an Kompetenz und Wissen im Umgang mit Ängsten, Aggressionen und Verunsicherungen. Unsere Kenntnisse über den Ursprung und den Umgang mit Gefühlen, mit Angst, Neid und Haß, mit Aggressionen und Projektionen sind allgemein gering. Die Beiträge von Werner Bohleber und Andreas Zick zeigen diese Problematik auf. Dieses Defizit spiegelt sich auch in den Medien wider. Besonders, wenn es um das Zusammenleben mit der einheimischen Mehrheit und den zugewanderten Minderheiten geht. Ich nenne Beispiele:

Das Thema Fremdheit und Fremdenangst wird in den Medien meist zu polarisierend behandelt: Hier »die Guten«, dort »die Bösen«. Fremdheit und Fremdenangst sind aber immer ambivalent. Die »Angst vor dem Fremden« gehört zu jedem Menschen. Es ist eine der Grunderfahrungen menschlichen Lebens, die fast jeder von uns kennt. Sicherlich ist sie unterschiedlich ausgestaltet und wird unterschiedlich erfahren und gewichtet. Aber die Frage bleibt die gleiche: Überwiegt die Neugier, die das Fremde immer auslöst, oder überwiegt die Angst vor der Fremdheit, auch weil man mit ihr nicht umgehen kann? Zweifellos ist es schwer, ambivalente Gefühle zu ertragen. Es erfordert Stärke, sie zu sehen, und auszuhalten, daß es meist weder »die Guten« noch »die Bösen« gibt, selten »den Ausländerfeind« noch »den Ausländerfreund«.

Durch die Suche nach einfachen Antworten und polarisierenden Darstellungen fehlt es oft an der Bereitschaft, sich in Menschen, die andere Auffassungen haben, überhaupt einmal einzufühlen und sie zu verstehen. Nicht, um zu akzeptieren oder gar zu legitimieren; sondern um die Ängste und Nöte der vielen Verunsicherten aufzugreifen und sie in ihrer Lage ernst zu nehmen.

Irene Dänzer-Vanotti benennt in ihrem Beitrag beeindruckende Beispiele. In diesem Zusammenhang muß sich mancher auch die Frage stellen, ob er mit seinem Engagement nicht manchmal das Gegenteil dessen bewirkt, was eigentlich von ihm gewollt ist, er sich selbst nur bestätigen will, in erster Linie die Anerkennung der Kollegen sucht, das schwierige Gespräch mit andersdenkenden Menschen umgeht und die eigene Unsicherheit gar nicht wahrhaben will.

Um schädliche Polarisierungen zu vermeiden, sollte man folgende Aspekte im Auge haben:

- Keine einseitig negative Darstellung von Zuwanderern, etwa nur als exotische Fremde oder als Sorgenkinder.
- Keine einseitig positive Darstellung von Zuwanderern. Eine rein fremdenfreundliche Berichterstattung kann bei vielen Medienkonsumenten den gegenteiligen Effekt haben. Viele Menschen fühlen sich dann nicht ernstgenommen in ihren Sorgen und Nöten, wenn beispielsweise nur positiv über Ausländer berichtet wird, sie zu besseren Menschen werden.

- Meinung weder in der einen noch in der anderen Richtung verordnen. Probleme werden dadurch verkürzt und heilsame Beunruhigung genommen. Es wird harmonisiert, anstatt abweichende Gefühle zuzulassen. Dies hat auch zur Folge, daß die Fähigkeit, mit Problemen umzugehen, nicht gesteigert wird. Durch die Medien sollte daher nicht vermittelt werden, wie und in welcher Form das Zusammenleben zu erfolgen hat.

- Auch werden Ängste in der Bevölkerung oft zu schnell als Beispiel von Fremdenfeindlichkeit abgestempelt und nicht ernst genommen. Anstatt Ängste und Konfliktsituationen aufzugreifen, zum Beispiel die Angst von Eltern, deren Kinder Schulen mit hohem Ausländeranteil besuchen, werden Äußerungen, die diese Ängste widerspiegeln, gern als Beispiel von Fremdenfeindlichkeit abgestempelt. So braucht man sich nicht mit ihnen auseinanderzusetzen, hat ein klares Feindbild, das bekanntlich das Leben erleichtert.

- Die alleinige Schilderung von fremdenfeindlichen Aktionen ist meist kontraproduktiv. Sie entfaltet in der Regel keine abschreckende Wirkung. Man braucht zusätzlich eine Erläuterung der Ursachen und der Entstehungsumstände, die zu den Aktionen geführt haben. Das bedeutet, Fremdenfeindlichkeit auf keinen Fall zu entschuldigen, aber die Umstände zu thematisieren, aus denen Angst, Unsicherheit und fremdenfeindliche Aktionen erwachsen. Dies ist besonders schwierig bei Livesendungen. Die Begegnung mit fremdenfeindlichen Positionen in Livesendungen verlangt schnelle Reaktion und eine fundierte Auseinandersetzung mit fremdenfeindlichen Argumenten, die viele erst durch Schulungsmaßnahmen erwerben.

- Vorurteile nicht direkt bekämpfen. Fremdenfeindlichkeit speist sich oft aus Vorurteilen, die Menschen eine Schutzfunktion und eine Orientierung für ihre eigenen Unsicherheiten, Aggressionen und Ängste bieten. Oft wird durch eine solche frontale Überzeugungsarbeit die Angst, die durch das Vorurteil abgewehrt werden soll, sogar noch mehr vergrößert. Dies geschieht vor allem dann, wenn Fremdenfeindlichkeit moralisch verurteilt wird, wenn sie dem Menschen, der sie hat, als persönliche Schuld zugerechnet wird. Zum Abbau von Fremdenfeindlichkeit kann man aber beitragen, wenn man

vergleichbare, große Probleme der deutschen Bevölkerungs-
gruppe nicht als weniger dringend erscheinen läßt und sich
mit ihnen auseinandersetzt.

■ Den moralischen Zeigefinger zu erheben und das multikulturelle Glück ohne Konflikte zu verkünden, ist ebensowenig
hilfreich. So versichert man sich gegenseitig, auf der richtigen
Seite zu stehen und nach hohen Idealen zu streben, die kaum
einer erfüllen kann. Oft leistet man damit nichts anderes
als die gescholtenen Ausländerfeinde: Hier »die Guten«, dort
»die Bösen«. Man grenzt aus, man spaltet ab – vielleicht auch,
um sich selbst zu erhöhen, sich den Beifall der Kollegen zu
sichern, sich gegenseitig zu bestätigen. Wie dies mancher von
uns Ausländerexperten tut. Wahrgenommen wird dabei nicht
die Not von vielen, die Angst vor Benachteiligung, vor weiterer Ausgrenzung haben, man denkt nicht an die vielen, die die
Ursachen ihrer schlechten sozialen Situation auf den vermeintlich Fremden projizieren, die vielen Verunsicherten, die
in »den Fremden« die Ursache allen persönlichen Übels, des
eigenen Leids, der eigenen Ängste sehen. Dieses Verhalten be-
merke ich besonders bei Talkshows, zu denen drei oder vier
Ausländerfreunde und ein Ausländerfeind eingeladen werden.
Im Anschluß an solche Sendungen steigt in unserem Amt
nicht nur der Eingang rechtsradikaler Post, sondern wir erhalten einen Schwall von Briefen von Menschen, die sich nicht
verstanden und ernstgenommen fühlen, ihre Position nur von
Rechtsextremen aufgegriffen sehen. So ist das öffentliche
Vorführen von »Ausländerfeinden« zwecks moralischer Entrüstung leider auch kein Patentrezept zum Abbau von Fremdenfeindlichkeit. Ganz im Gegenteil: Werden sie abgestempelt und in die Ecke gedrängt, identifiziert sich mancher
Zuschauer leicht mit ihnen, weil er sich selbst ökonomisch
und sozial bedroht und moralisch verurteilt fühlt. Es sind
meist die Opfer unserer Gesellschaft, die leicht zu Tätern werden, wenn ihre Ängste nur von rechtsextremen Politikern und
Funktionären aufgegriffen werden.

Information und Emotion stärker miteinander verbinden

Vorurteile und Fremdenfeindlichkeit lassen sich mit Informationen allein meist nicht bekämpfen. Viele Menschen sind für rationale Argumente gar nicht offen. Oft ist das Vorurteil auch eine Chiffre, hinter der sich ganz andere Verunsicherungen verbergen. Diese Chiffre muß durchbrochen werden, um die gefühlsmäßige Ebene zu erreichen, durch die andere Einstellungen gewonnen werden können. Das bedeutet: In der Medienarbeit den Gefühlsbereich viel stärker zu berücksichtigen, mehr Features und Spielfilme auszustrahlen, persönliche Geschichten zu schreiben, die zu einer Identifizierung einladen und dabei Nähe und zugleich Distanz ermöglichen, wie es auch Jo Groebel in seinem Aufsatz fordert. Durch eine stärkere Personalisierung von ethnischen Minderheiten in den Medien kann bei vielen Fernsehzuschauern leichter Verständnis und Mitgefühl für einzelne Personen und Schicksale eines Volkes geweckt werden. Der vielzitierte Film »Holocaust« hat in Deutschland Beispielhaftes bewirkt. Zweifellos war die Zeit dafür reif, aber auch unabhängig davon ist es hier gelungen, mit den Mitteln der Seifenoper eine Identifizierung zu erreichen und Gefühle hervorzurufen, was die beste Informationssendung nicht geschafft hat. »Schindlers Liste« wird ähnliches bewirken – ohne Seifenoper zu sein

Viel ist aufzugreifen – mit Witz und Humor und nicht allein und einseitig mit Argumenten, umfangreichen Informationen und vielfältigen Vorurteilskatalogen, die an den Zuschauern und Zuhörern, Lesern und Betrachtern oft vorbeigehen, weil sie ihre Ängste und Nöte wieder zudecken. Nichts gegen Vorurteilskataloge und Informationen, sie sind notwendig und tragen zur Versachlichung der Diskussion bei – aber sie gehen ins Leere, wenn sie bestehende Ängste und Verunsicherungen nicht aufgreifen und diesen ein eigener Raum gegeben wird.

Den Umgang mit Rechtsextremismus in den Medien stärker hinterfragen

Der Umgang mit Rechtsextremisten und Rechtsextremismus in den Medien bringt für den nachdenklichen Medienmacher fast immer Verunsicherung mit sich; er ist eine Gratwanderung, denn man sieht sich gegenläufigen Ansprüchen ausgesetzt: Eindeutig gegen Fremdenfeindlichkeit und Rechtsextremismus Position beziehen und gleichzeitig verhindern, daß man unfair und aggressiv wirkt, denn dies ist auch Rechtsextremen gegenüber in der Regel fast immer kontraproduktiv.

Konkret bedeutet dies: Rechtsextremen darf nicht die Gelegenheit gegeben werden, ihre Thesen ungestört und ohne Eingreifen zu verbreiten. Die Ziele der Parteien müssen hinterfragt und ihre Thesen aufgegriffen werden. Der Kern rechtsextremistischen Verhaltens sind Ideologien der Ungleichheit und der Gewaltakzeptanz. Medienbeiträge dürfen diese Auffassung über die politische und rechtliche Ungleichheit von Menschen nicht unkommentiert lassen. Die politischen Konzeptionen dürfen daher von Rechtsextremisten nicht allein formuliert werden. Dies sollte beispielsweise auch der Interviewer leisten: dagegen Position beziehen, dagegen argumentieren oder andere mit entsprechenden Gegenargumenten zu Wort kommen lassen.

In diesem Zusammenhang sollte sich auch mancher Journalist fragen, inwieweit er Politikern aus den demokratischen Parteien, die rechtsextreme Positionen vertreten, ein öffentliches Forum gibt. Viel zu wenigen ist oft bewußt, daß in den letzten Jahren Positionen und Grundhaltungen, die der politischen Mitte zugerechnet werden, in immer stärkerem Maße in Frage gestellt oder aufgegeben werden, um rechtsextreme Wähler einzubinden. Extrem rechte Positionen werden damit auch in der Öffentlichkeit enttabuisiert und gesellschaftsfähig gemacht.

Gesehen werden muß auch, daß Nazi-Parolen manchmal aus Gründen der Provokation oder der Legitimation für Gewalt geäußert werden. Viele Jugendliche wissen, daß diese Parolen provozieren wie kaum andere. Manche werden auch zuerst gewalttätig und liefern nachträglich erst die vermeintlich politische, rechtsextreme Ideologie. Dies dient in der Regel der Legitimation

der Gewalt. Jugendliche vorschnell als Rechtsextreme oder Neonazis abzustempeln, kann daher gefährlich sein: Man kann sie
mit einer solchen Stigmatisierung im Sinne einer negativen Identität in eine wirkliche Identifizierung treiben mit dem, was rechte Rattenfänger ihnen als Köder anbieten. Hier versuchen, zu
verstehen ohne zu legitimieren oder gar zu akzeptieren, ist eine
Gratwanderung, die Medienmachern nicht erspart werden kann.

Sich mit den Wirkungen von Gewalt in den Medien auseinandersetzen und angemessene Formen des Umgangs mit ihr finden

Ob und inwieweit die Gewalt in unserer Gesellschaft durch
Medien verstärkt wird, wird mittlerweile in der Öffentlichkeit
heftig diskutiert. Vor allem Redakteure, Journalisten und Programmverantwortliche sind aufgefordert, sich über die Ursachen
von Gewalt, die Wirkung ihrer Darstellung in den Medien und
die Möglichkeiten, mit ihr angemessen umzugehen, auseinanderzusetzen. Jo Groebel greift in seinem Beitrag diesen Diskurs auf.
Notwendig ist, daß die Medien das Thema Gewalt ernst nehmen, um damit kompetent umzugehen. Das bedeutet, abzusehen von einer Bagatellisierung und Verharmlosung der Gewalt
einerseits als auch von ihrer Dramatisierung und Dämonisierung
andererseits. Bei der Suche nach den Ursachen von Gewalt sind
eindeutige Schuldzuweisungen zu vermeiden. Es ist weder *die*
Gesellschaft noch *die* Familie allein verantwortlich zu machen,
denn auch andere Aspekte müssen gesehen werden, etwa die Verantwortung des Staates.
Gewaltaktionen sind oft unbewußte Lösungsversuche für nicht
leicht lösbare Konflikte. Manchmal ist es ein abgebrochener
Kontakt: Viele Menschen, vor allem Jugendliche, werden dann
gewalttätig, wenn sie das Gespräch mit anderen verloren haben.
Zu einer gewohnheitsmäßigen, destruktiven Gewalthandlung
kommt es in der Regel erst dann, wenn man den Hilferuf, den
Kommunikationsversuch nicht hört und aufgreift und sich statt
dessen dem Gespräch verweigert. Dies kann dazu führen, daß der
andere noch weiter ausgegrenzt wird und seine Gewaltbereitschaft zunimmt.

Gewaltbereitschaft und Gewalttätigkeit lassen sich auch erklären aus der Tatsache, daß Kinder und Jugendliche oft stellvertretend für die Gesellschaft oder ihre Eltern handeln. Sie führen dann etwas aus, was von anderen vorgedacht ist. Wir brauchen daher gesellschaftliche Orientierungen für den Umgang mit Gewalt.

Gefragt ist in diesem Zusammenhang auch nach den langfristigen Wirkungen von Gewaltdarstellungen in den Medien. Die Gewalt wird in den Medien sehr vielschichtig dargestellt. Daher muß man jeden einzelnen Beitrag und seine Wirkungsmöglichkeit analysieren. Untersuchungen, die sich auf das Thema des Umgangs mit Gewalt erstrecken, müssen daher immer beide Seiten im Auge haben: die der Medien und die des Rezipienten.

Verkürzt und auch nur in einzelnen Aspekten sind zu nennen:

■ Gewaltdarstellungen vermitteln Wertvorstellungen und Verhaltensnormen des einzelnen zur Gewalt. Sie desensibilisieren gegenüber Gewalt. Man sollte Gewalt als Problemlösungsmittel daher nicht in den Medien anbieten.

■ Die Vielfalt und Komplexität der Ursachen von Gewalt, das Leiden der Opfer bleiben in der Regel in den Programmen ausgespart und müssen stärker einbezogen werden.

■ Besonders wichtig ist es, die Wünsche, Bedürfnisse von Kindern und die Einflußmöglichkeiten auf junge Zuschauer ernster zu nehmen. Filme oder Serien, die Gewalt beinhalten, sollten in keinem Fall im Tages- oder Vorabendprogramm eingesetzt werden.

Die Darstellung der Opfer sollte in den Medien angemessener erfolgen

Beiträge und Berichte über rechtsextreme Gewalttaten sollten den Täter nicht allein in den Vordergrund stellen und die Opfer vergessen. Beide Wirklichkeiten, die des Täters und die des Opfers, müssen gleichermaßen transportiert werden, auch wenn dies die Machtverhältnisse nicht richtig wiedergibt. Die Opfer angemessener und breiter in den Medien zu berücksichtigen ist notwendig, denn wenn Opfer oder bedrohte Menschen nur sehr kurz gezeigt werden, kann auch kein positives Gefühl für sie entstehen. Die Bedrohten kommen in den Medien in der Regel zu wenig zu Wort.

Die Opfer nicht zu vergessen, bedeutet aber nicht, sie auf ihre Opferrolle zu reduzieren. Es wäre fatal und kontraproduktiv, wenn Ausländer, Asylsuchende, Aussiedler nur noch als Opfer dargestellt würden. Manche greifen zu dieser Art Darstellung in der Hoffnung, dadurch einen Mitleidseffekt zu erzielen, Solidarität für die Opfer zu schaffen. Auch hier tritt meistens nur das Gegenteil ein, wie wissenschaftliche Analysen gezeigt haben: Fast unbewußt denken wir, daß die Welt gerecht ist. Dann muß das Opfer, wenn es in dieser Situation ist, auch selbst daran schuld sein. Es ist eben nicht leicht zu ertragen, daß die Welt ungerecht ist und wir nicht das bekommen, was wir glauben zu verdienen. Nur als Opfer dargestellt zu werden ist außerdem entwürdigend. Es werden Bilder produziert, die die Ausländer sehr klein und ohnmächtig erscheinen lassen und ihnen kein positives Selbstwertgefühl geben.

Häufig wird in den Medien die Schuld und Verantwortung vom Täter zum Opfer verschoben. In besonderer Weise zeigt sich dies beim Thema Asylbewerber: Die Asylbewerber, heißt es oft, sind Schuld an der schwierigen Situation auf dem Arbeits- und Wohnungsmarkt. Die verfehlte Wohnungs-und Arbeitsmarktpolitik wird als Ursache in diesem Zusammenhang kaum genannt. Oder Artikel 16 GG sei schuld an den Ereignissen von Rostock, hieß es im Sommer 1992 vielfach in den Medien. Der Beitrag der Politiker zu den Ereignissen von Rostock wurde darüber fast vergessen. Heribert Prantl vertieft auch diesen Aspekt in seinem Aufsatz.

Notwendig ist eine Änderung in der Wahrnehmung: Die Opfer zu Wort kommen lassen – sie aber nicht auf die Opferrolle reduzieren.

Alltägliche, positive Zusammenhänge müssen außerhalb der aktuellen Berichterstattung stärker Berücksichtigung finden

Das Alltägliche, das einheimische und zugewanderte Bevölkerung gemeinsam erfahren, wird immer noch zu wenig selbstverständlich wahrgenommen. Ausländer sind in der Regel nicht etwas »Exotisches«, sondern viele Menschen teilen den Alltag mit ihnen – ohne große Probleme. Alltäglichkeit bedeutet auch, kulturelle Unterschiede ohne Werturteile zu erklären – nicht als exotische Ausnahmen, sondern als objektive Beschreibungen des vielfältigen kulturellen Lebens in unserer Gesellschaft.

Die alltägliche, selbstverständliche Wahrnehmung wird auch dadurch belastet, daß das Thema Ausländer zu stark mit Problemen in Zusammenhang gebracht wird. Wenn aus Aktualitätsgründen beispielsweise die Probleme des Zusammenlebens und die Fremdenfeindlichkeit das bestimmende Kriterium bei der Gestaltung des Programms sind, dann überwiegt der negative Aspekt. Auch dadurch wird ein Klima der Angst und der Unsicherheit erzeugt, denn durch die vorwiegend aktuelle Berichterstattung wird leicht der Eindruck vermittelt, daß Ausländer Unruhe, Gewalt und Unordnung in das Leben bringen. Vorurteile werden dadurch begünstigt und die Bildung klischeehafter Denkmuster verstärkt. Es ist daher notwendig, zwar Probleme und Ängste aufzugreifen, aber auch Normalität, Alltäglichkeit und positive Erfahrungen zu vermitteln, ohne dabei bemüht zu wirken. Zum Beispiel dadurch, daß man Ausländer auch in Unterhaltungssparten stärker berücksichtigt. Dies vergrößert die Identifikationsbereitschaft mit den zugewanderten Minderheiten, sensibilisiert für ihre Teilnahme an unserer Gesellschaft.

Mehr Informationen über kulturelle Unterschiedlichkeit und die Kultur der Herkunftsländer

Es fehlen auch Informationen über kulturelle Unterschiede und über die Kultur der Herkunftsländer der zugewanderten Bevölkerung. Manches Problem im Zusammenleben kann verständlich werden, wenn uns kulturelle Unterschiede und ihre Hintergründe bewußt sind. Dies gilt zum Beispiel für Fragen der Scham und der Ehre, des Umgangs mit Zeit und der Rollen von Mann und Frau. So hat unsere Gesellschaft einen ganz anderen Begriff von Ehre als andere Kulturen. Wir haben auch andere Vorstellungen vom Wert der Rationalität und legen dadurch auf Emotionen wie Scham nicht den Wert, den andere Kulturen ihnen beimessen. Diese Unterschiede prägen nicht nur die Einstellungen, sondern auch unmittelbar die Verhaltensweisen.

Mehr Wissen über kulturelle Unterschiede bedeutet auch, größere Sensibilität zu entwickeln und die Fähigkeit zu gewinnen, seinen eigenen Standpunkt zu relativieren und stärker zur Diskussion zu stellen. Dies bedeutet auch zu akzeptieren, daß eigene Einstellungen und Verhaltensweisen nur beschränkte Bedeutung haben. Es heißt, einen gesellschaftlichen Diskurs zu führen und zu fragen, welche Bedeutung das »Recht auf kulturelle Differenz« hat; diese Differenz zu achten bedeutet aber auch, auf der Achtung der Menschenrechte in jedem Fall zu bestehen.

Bilder und Sprache hinterfragen

Viele Bilder in den Medien verstärken Ängste, ebenso wie ein undifferenzierter Umgang mit Sprache. Die Beiträge von Ute Gerhard und Jürgen Link zeigen vielfältige Aspekte und Wirkungsmöglichkeiten.

Bilder dürfen nicht den Eindruck erwecken, daß wir von einem »Sturm« überzogen würden; Worte wie *Asylantenflut, Ausländerschwemme* sollten alle Warnlampen aufleuchten lassen. Wir müssen unsere eigene Sprache überdenken, einer Schubladensprache entgegenwirken; zum Beispiel sollten wir sehr genau hinschauen, ob Jugendliche wirklich rechtsextrem sind oder ob der Rechtsextremismus als ideologische Rechtfertigung der Gewalttat nachgeschoben wird. Haben wir Jugendliche erst einmal in einer Schublade, dann brauchen wir uns nicht mehr mit ihnen auseinanderzusetzen. Diesen Weg können verantwortungsbewußte Menschen nicht gehen.

Besonders wichtig ist es auch, die Symbolkraft der Bilder im Bewußtsein zu haben, vor allem bei der Verwendung von Grafiken, Schaubildern, Titelseiten, die den Eindruck von Invasionen, von Menschenfluten hervorrufen. Bei der Darstellung von Opfern sollte man im Auge haben, daß dies auch dazu führen kann, daß man mit ihnen mitleidig-verachtend umgeht. Das Opfer sollte selbst zu Wort kommen, ohne daß dabei das Gefühl entsteht, es werde jetzt vorgeführt.

Eine besondere Gefahr liegt, wegen der Kraft der Bilder, im Fernsehen; Spektakuläres wird oft in den Vordergrund gestellt und dadurch ein Ereignis erst geschaffen, das Angst macht.

Größere Distanz zur Politik wahren

Gesellschaftliche Probleme werden in Medienbeiträgen oft verlagert: Zum Beispiel verbergen sich hinter dem Phänomen Fremdenfeindlichkeit oft tiefe soziale Spannungen in der Bevölkerung, die mit dem eigentlichen Thema nichts zu tun haben, zum
Beispiel die Furcht vor Arbeitslosigkeit, Wohnungsnot, sozialem
Abstieg, aber auch Orientierungslosigkeit, Unübersichtlichkeit
unserer Gesellschaft und Angst vor kultureller Ausgrenzung. Dies
wird in den Medien meist viel zu wenig deutlich gemacht. Statt
dessen werden Äußerungen von Politikern oft einfach wiedergegeben, kaum hinterfragt und damit verstärkt und multipliziert.

Medien beschränken sich oft darauf, die einfachen, von Politikern angebotenen Lösungen zu wiederholen. Dies ist fatal, vor
allem, wenn es um Probleme geht, die kompliziert und nicht
leicht vermittelbar sind. Gerade dann versucht man aber, sich auf
einfache Antworten zu beschränken. So findet man zum Beispiel
kaum Sendungen zum Thema Zuwanderung und Zusammenleben von einheimischer Mehrheit und zugewanderter Minderheit,
die in der erforderlichen Vielschichtigkeit berichten. Zum Beispiel über die Frage der Wanderungsbewegungen und der Einwanderung, die Entwicklung einer Migrations-, Integrations-
und Minderheitenpolitik, die Fragen von Diskriminierungen.
Und es wird in den Miedien zu wenig hinterfragt, ob die Politik
die notwendigen Orientierungen für das Zusammenleben gibt,
ob sie Interessen benennt oder auch Regelungen für das Zusammenleben formuliert.

Größere Distanz seitens der Medien zur Politik ist notwendig.
Nur so kann auch das Maß politischer Verantwortung an der
Situation deutlichgemacht werden.

Die Ursachen für die wachsende Fremdenfeindlichkeit müssen
dort gezeigt werden, wo sie auch tatsächlich liegen. Die Probleme
dürfen bei der Berichterstattung nicht verschoben und Politiker-
sprache darf nicht bestärkt werden; sie gilt es schärfer zu hinter-
fragen.

Zugang zu den Medien
für die Minderheiten selbst schaffen

Nicht zuletzt sollten aber die Minderheiten selbst in den Medien als Programmacher und Programmverantwortliche, als Redakteure, Journalisten, Nachrichtensprecher, Moderatoren und Schauspieler viel stärker einbezogen werden. Arzu Toker und Georgios Tsapanos haben dies in ihren Beiträgen eindringlich gefordert. Die Sichtweisen der Zuwanderer und sie selbst werden dadurch selbstverständlicher in das gesellschaftliche Leben integriert. Das Gefühl, daß es Fremde sind, nimmt ab. Vor allem im Mainstream-Programm sollten sie deutlicher und bewußter zu Wort kommen und nicht im wesentlichen auf Minderheitenprogramme beschränkt bleiben.

Im folgenden werden Anregungen für eine größere Beteiligung in den Sendeanstalten formuliert, die in Rundfunkanstalten der Nachbarländer – z. B. bei der BBC – bereits praktiziert werden:

- Möglichkeiten der Hospitanz für ethnische Minderheiten schon während des Studiums;
- Trainingsprogramme zur Wahrnehmung von Rassismus und kultureller Unterschiedlichkeit für Programmanager und Programmacher;
- Einrichtung eines Ausländerbeauftragten beziehungsweise einer Abteilung für Chancengleichheit;
- Austausch vom Programmachern und Praktikern über Erfahrungen in den europäischen Nachbarländern;
- Erarbeitung einer speziellen Politik für die Integration von Minderheiten in den Sendeanstalten selbst, die sich auch auf neue Programmansätze wie Multikulturelle Werkstätten oder Euro-Werkstätten – redaktionen- und themenübergreifend – erstrecken;
- Einrichtung einer Dokumentation über multikulturelle Programme und ihre Praxis in Europa;
- spezielle Schulungen der Minderheiten, um stärker zu den Hauptprogrammen Zugang zu finden. Insbesondere ist darauf zu achten, daß die ethnischen Minderheiten nicht allein auf die Minderheitenprogramme begrenzt bleiben, sondern sich auch im allgemeinen Programm wiederfinden;

- Beteiligung von ethnischen Minderheiten in allgemeinen Kommissionen, um ihre Belange ausreichend zu berücksichtigen;
- Erstellung eines Berichts über die Situation der ethnischen Minderheiten in den Medien;
- Bildung eines speziellen Netzwerkes, das sich in dem Medienbereich für die Belange der Minderheiten einsetzt;
- spezielles Training von Managern, um bei der Personalauswahl die besondere Situation der ethnischen Minderheiten besser berücksichtigen zu können;
- spezielle Förderung von Mitgliedern der ethnischen Gruppen durch die Einsetzung eines Mentors, der die berufliche Laufbahn begleitet;
- stärkere Berücksichtigung des Aspekts der kulturellen Unterschiedlichkeit bei der allgemeinen Ausbildung von Journalisten und Entwicklung von entsprechenden Fortbildungsangeboten.

Diese unterschiedlichen Anregungen zum Nach- und Weiterdenken sind keine Patentrezepte, sondern, so hoffe ich, Anlaß, in Frage zu stellen, zu verwerfen und zu konkretisieren. Und noch eins: Erforderlich ist eine breite Diskussion in unserer Gesellschaft, wie wir mit Fremdenfeindlichkeit, Gewalt und Rechtsextremismus umgehen – auch in den Medien. Es geht nicht darum, den Medien die Rolle des Sündenbocks zuzuweisen, aber jeder hat für seinen eigenen Bereich die Verantwortung, die Voraussetzungen für das Zusammenleben zu fördern, die gegenseitige Verständigung zu unterstützen und Gewalt und Rechtsextremismus entgegenzuwirken. Dazu können Medien viel beitragen, ebenso andere gesellschaftliche Bereiche – vor allem aber die Politik.

Einen gesellschaftlichen Konsens in dieser wichtigen Zukunftsfrage zu finden und in der Öffentlichkeit deutlich zu machen, ist Aufgabe von uns allen.

IV. Zur Situation der zugewanderten ausländischen Bevölkerung

(Kapitel IV wurde von Beate Winkler und Claudia Martini erarbeitet. Wesentliche Aspekte wurden dem Buch »Zukunftsangst Einwanderung« entnommen, herausgegeben von Beate Winkler, München 1993. Umfassendere Ausführungen, auch zu anderen Themenbereichen, sind dort zu finden.)

Aus Umfangsgründen werden die unterschiedlichen Gruppen der zugewanderten Bevölkerung, das heißt ausländische Arbeitnehmer mit ihren Familien, Asylsuchende und Aussiedler meist zusammengefaßt behandelt, obwohl die Probleme der einzelnen Gruppen zum Teil unterschiedlich sind und unterschiedliche Lösungsansätze erfordern. Da die Gemeinsamkeiten aber größer sind als das Trennende und die Zuwanderer aus den ehemaligen Anwerbestaaten dabei die größte Gruppe darstellen, wird die Situation der zugewanderten Bevölkerung meist an ihrem Beispiel beschrieben. (Tabellen hierzu in Kapitel V, Daten und Fakten zur Situation der zugewanderten ausländischen Bevölkerung.)

1. Zugewanderte ausländische Bevölkerung

1.1 Zugewanderte Wohnbevölkerung und Integration

■ Wohnbevölkerung

Ende 1992 lebten 6.495.792 Millionen Zuwanderer, darunter 85 % aus europäischen Staaten und knapp 30 % aus Mitgliedsstaaten der Europäischen Union, in der Bundesrepublik. Fast 50 % besitzen die Staatsbürgerschaft eines Landes, mit dem die deutsche Arbeitsverwaltung von 1955 bis 1968 Anwerbevereinbarungen getroffen hatte. Mit 1.854.945 stellt die türkische Be-

völkerung die größte Gruppe, dann folgen Einwohner aus dem
ehemaligen Jugoslawien, aus Italien und Griechenland.

In den neuen Bundesländern wohnt etwa ein Prozent aller in
Deutschland lebenden Zuwanderer: 1991 waren es 119.304
Menschen, vor allem aus Polen (26,8%) und Vietnam (22,2%),
dann folgten Bürger der GUS-Staaten und Ungarns. Der Anteil
der ausländischen Wohnbevölkerung an der Gesamtbevölkerung
betrug Ende 1992 8%. In den neuen Bundesländern hat knapp
1% der Bevölkerung eine ausländische Staatsangehörigkeit.

Von 1953 bis 1992 beantragten 1.830.487 Flüchtlinge Asyl,
davon leben heute 1.565.000 Flüchtlinge mit unterschiedlichem
Aufenthaltsstatus (Asylberechtigung, Duldung, Bleiberecht, Bür-
gerkriegsflüchtlinge und andere) in der Bundesrepublik. Nur die
wenigsten sind anerkannte Asylberechtigte mit unbegrenztem
Aufenthaltsrecht, der größte Teil der Flüchtlinge hat ein befriste-
tes Bleiberecht.

Von 1950 bis 1992 sind 2.849.324 Aussiedler in die Bundesrepublik zugewandert. Rechtlich sind sie Inländer, das heißt, sie
haben die deutsche Staatsangehörigkeit, in ihrer Lebenssituation
sind sie jedoch häufig mit vergleichbaren Problemen konfrontiert
wie andere Zuwanderer.

Trotz Zuwanderung lag die Bevölkerungsdichte in der alten Bundesrepublik 1989 (252 Einwohner pro Quadratkilometer) nur
geringfügig über dem Stand von 1974 (250 Einwohner pro Quadratkilometer). 1990, nach der Vereinigung, betrug sie 220 Einwohner pro Quadratkilometer.

Die durchschnittliche Aufenthaltsdauer in Deutschland beträgt
bei 60% der zugewanderten Bevölkerung zehn Jahre und mehr.
Allein 78% der Spanier und 44% der Türken leben seit mehr als
15 Jahren in Deutschland.

Im Durchschnitt wurde knapp ein Drittel der zugewanderten Bevölkerung aus den ehemaligen Anwerbestaaten in Deutschland
geboren: 30,8% der Tunesier, 28,7% der Türken, 25,4% der
Marokkaner, 23,9% der Italiener, 23% der Spanier, 22,9% der
Griechen, 18,8% der Portugiesen und 18,4% der Jugoslawen.

■ *Integration*

Die wirtschaftliche und berufliche Integration der zugewanderten Bevölkerung hat sich in den letzten Jahren, trotz einiger negativer Tendenzen, insgesamt positiv entwickelt: Beispielsweise erwerben immer mehr Jugendliche einen Schulabschluß und eine qualifizierte Berufsausbildung. Auch die Zahl der Unternehmensgründungen ist groß. In den äußeren Lebensumständen ist ein Unterschied zwischen der ersten und der zweiten beziehungsweise dritten Generation erkennbar. War die erste Generation noch stark auf das Herkunftsland orientiert, unterscheiden sich ausländische Jugendliche und junge Erwachsene heute kaum mehr in ihrer Familienplanung, ihren Sprachkenntnissen, ihrer Kleidung oder Freizeitgestaltung von Deutschen. Fast 80 % der hier lebenden ausländischen Kinder und Jugendlichen sind in Deutschland geboren und aufgewachsen, das Herkunftsland ihrer Familie kennen sie gerade noch von Urlaubsreisen.

Der politischen Integration werden von staatlicher Seite enge Grenzen gesetzt. Es gibt kein Wahlrecht für hier lebende Zuwanderer aus Nicht-EU-Staaten. Trotzdem beteiligen sich viele aktiv durch Mitgliedschaft in Gewerkschaften, eigenen Vereinen, Ausländerbeiräten am politischen Leben.

Integrationshemmnis ist neben dem fehlenden Wahlrecht auch die in den letzten Jahren angewachsene Fremdenfeindlichkeit und Diskriminierung: 1991 fühlten sich 93 % der 16- bis 25jährigen Türkinnen und Türken in Berlin aufgrund der Ausländerfeindlichkeit nicht wohl. 1985 waren es nur 26 % gewesen. Weiterhin hemmen Diskriminierungen und Einschränkungen beim Aufenthaltsrecht, bei der Einbürgerung, bei den Versicherungen sowie die Ausweisungspraxis die Integration.

Aber auch von seiten der zugewanderten ausländischen Bevölkerung bestehen Hindernisse. Der Rückkehrgedanke insbesondere der ersten Generation hat viele nie den Versuch machen lassen, sich in Deutschland einzuleben. Heute treten außerdem schwere Probleme auf, weil sich viele Zuwanderer aufgrund von Fremdenfeindlichkeit und Diskriminierung immer mehr von der deutschen Gesellschaft abschotten. Die Gewaltbereitschaft hat auch bei ausländischen Jugendlichen zugenommen.

1.2 Wohnsituation

Die Wohnsituation der zugewanderten Bevölkerung ist im Vergleich zu der der Deutschen schlechter. Mit längerer Aufenthaltsdauer und steigendem Einkommen haben sich die Wohnbedürfnisse verändert; doch sind die Chancen, angesichts des Fehlens von etwa 1,5 Millionen Wohnungen im Westen und 1 Million in Ostdeutschland eine annehmbare Wohnung zu finden, für Zuwanderer noch geringer als für die deutsche Bevölkerung. Wohnungsmangel ist dabei nicht in erster Linie das Ergebnis der Zuwanderung, sondern ist verursacht durch den Trend zu Einpersonenhaushalten und durch die gestiegenen Ansprüche der Einheimischen an die Wohnungsgröße. Hinzu kommt, daß die zugewanderte Bevölkerung überwiegend in den von Wohnungsmangel geprägten industrienahen Großstädten wohnt.
Ausländische Familien leben deshalb noch oft in den sanierungsbedürftigen Altstadtkernen oder Vororten. Die Folgen sind häufig beengte Wohnsituation, Ballung in bestimmten Stadtteilen und damit wenig Kontakt zu Deutschen.

1.3 Arbeitsmarkt und Wirtschaft

Unter den über 29 Millionen sozialversicherungspflichtig Beschäftigten in West- und Ostdeutschland waren am 31.12.1992 über 2 Millionen Beschäftigte mit ausländischer Staatsangehörigkeit. 81,5 % davon waren Arbeiter und nur 18,5 % Angestellte. Ihr Anteil an der Gesamtzahl der Beschäftigten betrug etwa 7 %. Ein großer Teil der Zuwanderer ist auf dem Arbeitsmarkt benachteiligt. So sind ausländische Arbeitnehmerinnen und Arbeitnehmer häufiger von Arbeitslosigkeit betroffen: Die Arbeitslosenquote der abhängig Beschäftigten betrug 1992 rund 12 %. Verglichen mit der Arbeitslosenquote der westdeutschen Bevölkerung, die sich auf 6,6 % belief, und mit der die zugewanderte Bevölkerung in erster Linie zusammenlebt, war sie deutlich höher. Die Gründe für die hohe Arbeitslosigkeit werden insbesondere in der mangelnden schulischen und beruflichen Qualifikation gesehen: 1992 waren 78,8 % der ausländischen Arbeitslosen ohne abgeschlossene Berufsausbildung, hingegen nur 41,3 % der deutschen Arbeitslosen. Die Folgen des Strukturwandels auf dem Arbeitsmarkt sind für Beschäftigte in den konjunkturempfindlichen Branchen des produzierenden Gewerbes, in dem Zuwanderer vorwiegend arbeiten, und besonders bei fehlender beruflicher Qualifikation viel eher zu spüren.

Auf dem Arbeitsmarkt sind Zuwanderinnen besonders benachteiligt: Die Arbeitslosenquote lag bei ihnen im Jahresdurchschnitt 1992 um 1,5 % höher als bei Zuwanderern. Ein Großteil der Zuwanderinnen der ersten Generation sind ungelernte oder angelernte Arbeitskräfte. Zudem behindert die Doppelbelastung Familie und Arbeit ihre berufliche Qualifikation.

Zuwanderer arbeiten vorwiegend in Bereichen, die durch besonders nachteilige Arbeitsbedingungen, schlechte berufliche Aufstiegsmöglichkeiten, geringen Verdienst und starke Abhängigkeit von Konjunkturschwankungen gekennzeichnet sind. Bei einer Umfrage des Instituts für Arbeitsmarkt- und Berufsforschung (1993) nannten ausländische häufiger als deutsche Arbeitnehmer Belastungen durch Lärm, Rauch, erzwungenermaßen schlechte Körperhaltung oder Schichtdienste. Das trifft auf die große Zahl der Beschäftigten im verarbeitenden Gewerbe zu. Die geringe berufliche Qualifikation wird an der hohen Zahl der Raumpfleger und -pflegerinnen deutlich, die vor Köchen und Metallarbeitern an erster Stelle der von Zugewanderten ausgeübten Berufe stehen.

Auch in der beruflichen Fortbildung werden zugewanderte Arbeitskräfte weniger berücksichtigt als es ihrer Quote nach zu erwarten wäre. Allerdings stieg der Anteil der Angestellten von 11,9 % (1977) auf 18,5 % (1991); das zeigt einen Trend zu beruflicher Qualifikation und besseren und sichereren Arbeitsverhältnissen.

Die Benachteiligung auf dem Arbeitsmarkt geht einher mit einer schlechteren sozialen Sicherung. Geringer Verdienst und höhere Arbeitslosigkeit führen zwangsläufig zu niedrigerer Rente. Dies hat auch Folgen für die Aufenthaltserlaubnis: Der Bezug von Sozialhilfe kann ein Ausweisungsgrund sein.

Zuwanderer streben immer häufiger eine unternehmerische Selbständigkeit an. Allein die Zahl der türkischen Selbständigen hat sich von 1983 (10.000) bis 1991 (33.000) verdreifacht; sie haben damit etwa 100.000 neue Arbeitsplätze geschaffen. Bundesweit gab es nach Schätzungen des Zentrums für Türkeistudien 1991 etwa 140.000 ausländische Unternehmer. Die Branchenvielfalt ist sehr groß: Die 33.000 türkischen Geschäftsleute sind in 55 verschiedenen Branchen tätig. Der Trend zur Selbständigkeit in Deutschland zeigt auch die gewachsene Integration: Bisher war die Selbständigkeit ein Ziel für die Rückkehr ins Herkunftsland gewesen.

■ Beitrag der ausländischen Bevölkerung zur Gesamtwirtschaft

Trotz zeitweise höherer Arbeitslosigkeit und einer wachsenden Anzahl von Rentnern tragen Zuwanderer derzeit mit einem Plus von 5,9% an Einzahlungen zur Rentensicherung bei. Ebenso positiv ist der Saldo bei Steuern und Sozialabgaben: 1991 zahlten hier lebende Ausländerinnen und Ausländer 90 Milliarden Mark an Steuern und Sozialabgaben, erhielten aber nur 65 Milliarden aus der öffentlichen Hand und den Sozialversicherungen. Die restlichen 25 Milliarden Mark kamen der gesamten Gesellschaft und Wirtschaft zugute. Die Transferleistungen ausländischer Arbeitnehmerinnen und Arbeitnehmer in die neuen Bundesländer über den Solidaritätszuschlag betrug von Mitte 1991 bis Mitte 1992 etwa 1,7 Milliarden Mark.

Eine allgemeine Arbeitserlaubnis erhalten Ausländer zudem nur, wenn der Arbeitsplatz nicht durch Deutsche oder ihnen gleichgestellte EU-Ausländer besetzt werden kann: Die Anzahl der erteilten »allgemeinen Arbeitserlaubnisse« hat sich von 1987 bis 1992 um 26% erhöht. Die Arbeitskraft von Zuwanderinnen und Zuwanderern wird also weiterhin benötigt.

1.4 Ausländerrecht

Allgemeine Grundlage ist das »Gesetz über die Einreise und den Aufenthalt von Ausländern im Bundesgebiet«, gültig seit 1.1.1991.

Für Ausländer aus den Mitgliedsstaaten der Europäischen Union gelten mit den Verträgen von Maastricht eigene Bestimmungen, die zu einer Gleichstellung mit deutschen Staatsangehörigen im Niederlassungs-, Arbeits- und Sozialrecht führen sollen; beim

Wahlrecht ist die Einführung des kommunalen Wahlrechts und bei der Staatsangehörigkeit die Einführung einer Unionsbürgerschaft vorgesehen (Stichwort: Europäische Freizügigkeit).

■ *Aufenthaltsgenehmigungen*

Für Ausländer aus Nicht-EU-Staaten, die etwa 70 % der ausländischen Bevölkerung in der Bundesrepublik ausmachen, gibt es vier verschiedene Formen der Aufenthaltsgenehmigung:

a) Die *Aufenthaltserlaubnis* wird zunächst befristet für ein Jahr, danach zweimal befristet für je zwei Jahre und schließlich unbefristet erteilt.

Sie wird nach fünfjährigem Aufenthalt unbefristet verlängert, wenn deutsche Sprachkenntnisse nachgewiesen werden können, die besondere Arbeitserlaubnis oder eine sonstige für die dauernde Berufsausübung erforderliche Erlaubnis vorliegt, wenn die Antragsteller über ausreichenden Wohnraum für sich und ihre Familienangehörigen verfügen und kein Ausweisungsgrund vorliegt.

b) Die *Aufenthaltsberechtigung* wird nach achtjährigem legalen Aufenthalt erteilt und bietet die größte Sicherheit. Sie kann erteilt werden, wenn der Lebensunterhalt eigenständig gesichert ist, eine Grundlage für die Altersversorgung vorhanden ist, seit drei Jahren Straffreiheit gegeben ist und die Voraussetzungen für die unbefristete Aufenthaltserlaubnis vorliegen. Ihre Erlangung wird beispielsweise für ausländische Studierende problematisch, da sie während der Ausbildungszeit keine Beiträge zur Rentenversicherung bezahlen.

c) Die *Aufenthaltsbewilligung* ermöglicht nur einen zweckgebundenen und befristeten Aufenthalt (zum Beispiel Aus- und Fortbildung).

d) Die *Aufenthaltsbefugnis* ist für Ausländer vorgesehen, deren Aufenthalt aus völkerrechtlichen, humanitären oder politischen Gründen zugelassen wird.

■ *Arbeitserlaubnis*

Für eine unselbständige Erwerbstätigkeit benötigen Ausländer eine Arbeitserlaubnis. Rund 95 % der im Bundesgebiet beschäftigten Ausländer haben entweder diesen Rechtsanspruch oder benötigen als EU-Arbeitnehmer keine Arbeitserlaubnis. Für jugendliche Ausländer gelten Sonderbedingungen.

Ein Rechtsanspruch auf die Arbeitserlaubnis wird im wesentlichen erworben zum Beispiel durch:

- eine fünfjährige unselbständige und rechtmäßige arbeitserlaubnispflichtige Beschäftigung im Bundesgebiet in den letzten acht Jahren;
- einen sechsjährigen ununterbrochenen Aufenthalt im Bundesgebiet, wenn der Ausländer eine Aufenthaltserlaubnis oder Aufenthaltsbefugnis besitzt;
- die Eheschließung mit einem deutschen Staatsangehörigen, sofern eheliche Lebensgemeinschaft besteht;
- vierjährige eheliche Lebensgemeinschaft im Bundesgebiet mit einem Ausländer, der eine Aufenthaltserlaubnis oder Aufenthaltsberechtigung besitzt.

■ *Politische Rechte*

Politische Rechte stehen Ausländern und Ausländerinnen nur eingeschränkt zu. Sie haben kein aktives und passives Wahlrecht für alle parlamentarischen Gremien auf allen Ebenen; sie dürfen keine politischen Parteien gründen. Sie haben jedoch im Bereich der Betriebsverfassung, der Gewerkschaften, der Sozialwahlen, der Hochschulen und der Vereinsgründung gleiche Rechte wie Deutsche.

■ *Einbürgerung*

Eine Einbürgerung ist in der Regel nur im Ermessenswege möglich. Nach 15jährigem rechtmäßigen Aufenthalt besteht ein Anspruch. Sie soll »nach allgemein politischen, wirtschaftlichen und kulturellen Gesichtspunkten erwünscht« sein. Voraussetzung ist ein Inlandsaufenthalt von in der Regel mindestens zehn, bei Asylberechtigten sieben und bei mit Deutschen verheirateten Ausländern fünf Jahren. Andere wichtige Voraussetzungen sind zum Beispiel deutsche Sprachkenntnisse, Unbescholtenheit, eigene Wohnung und Unterhalt, einheitliche Staatszugehörigkeit in der Familie sowie Freistellung von der Staatsangehörigkeit des Herkunftslandes. Die Möglichkeit einer doppelten Staatsbürgerschaft gibt es generell nicht.

Für hier geborene und/oder aufgewachsene Ausländer gelten Erleichterungen.

■ *Familiennachzug*

Der Familiennachzug zu erwerbstätigen Ausländern aus EU-Staaten ist gemeinschaftsrechtlich festgelegt und sieht den Nachzug von Ehegatten und von Kindern bis zum 21. Lebensjahr vor. Die Voraussetzungen für den Nachzug von Ehegatten und von minderjährigen Kindern aus Nicht-EU-Staaten sind nach dem neuen Ausländergesetz in Einzelheiten unterschiedlich ausgestaltet. Es gelten aber wesentliche gemeinsame Voraussetzungen: Der hier bereits lebende ausländische Ehegatte oder Elternteil muß selbst eine Aufenthaltserlaubnis besitzen, den Lebensunterhalt für die nachziehenden Familienangehörigen aus eigener Erwerbstätigkeit, aus eigenem Vermögen oder aus sonstigen eigenen Mitteln bestreiten können und über ausreichenden Wohnraum für die Unterbringung seiner Familie verfügen.

Ehegatten erhalten ein eigenständiges, nicht mehr vom weiteren Bestand der Ehe abhängiges Aufenthaltsrecht, wenn die eheliche Lebensgemeinschaft im Bundesgebiet mindestens vier Jahre (in bestimmten Härtefällen mindestens drei Jahre) bestanden hat oder wenn der andere Ehegatte während der im Bundesgebiet bestehenden ehelichen Lebensgemeinschaft verstorben ist.

1.5 Schulbildung und Berufsausbildung

1991 besuchten 798.762 Schülerinnen und Schüler aus den Familien der Zuwanderer allgemeinbildende Schulen: 37,3% Grundschulen, 29,7% Hauptschulen und Orientierungsstufen, 8,9% Realschulen, 10% Gymnasien, 5,8% Sonderschulen und

6,2% Gesamt- und andere Schulen. An berufsbildenden Schulen lernten 1991 153.199 dieser Jugendlichen. Drei Viertel der Jugendlichen kommen aus den ehemaligen Anwerbestaaten, knapp die Hälfte haben die türkische Staatsangehörigkeit.

Die Schulsituation der Kinder und Jugendlichen hat sich in den letzten Jahren verbessert, dennoch bleibt ein Unterschied zum Bildungsgrad deutscher Schülerinnen und Schüler erhalten, da diese weiterhin höhere Bildungsabschlüsse anstreben: 15% besuchen Hauptschulen, nur 3% Sonderschulen, aber fast 23% Gymnasien.

Seit Jahren verringert sich kontinuierlich der Anteil der Schülerinnen und Schüler ausländischer Herkunft ohne Schulabschluß: 1991 verließen 20,2% die Schule ohne jeglichen Abschluß, 1985 waren es noch knapp 26% gewesen. Ebenso zeigt sich ein Trend zu höheren Schulabschlüssen: 42% erreichten den Hauptschulabschluß (1985: 45,8%), 27,2% einen Realschulabschluß (1985: 20,8%) und 7,5% die Hochschulreife (1990: 6,7%).

An vielen Kindergärten, Grund- und Hauptschulen in den Ballungsräumen besitzt die Hälfte der Kinder und Jugendlichen eine ausländische Staatsangehörigkeit; im Bundesdurchschnitt sind es an Grundschulen 11%. Der überwiegende Teil, insgesamt etwa 75%, ist jedoch in Deutschland geboren: 80% der unter Sechsjährigen, fast 70% der Sechs- bis Zehnjährigen, 60% der Zehn- bis Sechzehnjährigen und gut 44% der Sechzehn- bis Achtzehnjährigen (Stand: 1990). Damit zählen sie zu den »Bildungsinländern«, das heißt, sie haben beziehungsweise werden ihre Schulzeit an einer deutschen Schule durchlaufen, besitzen aber eine andere Staatsangehörigkeit.

Die Kultur ihrer Herkunftsfamilie, ihre besondere Migrationssituation, das Hin-und-Hergerissen-Sein zwischen der Sprache ihrer Familie, zum Teil auch ihres sozialen Umfelds und der Ziel- und Schulsprache findet jedoch kaum Berücksichtigung im Unterricht. Die unterschiedliche Herkunft der Schülerinnen und Schüler wird trotz wichtiger neuer Ansätze des interkulturellen Lernens in den Unterrichtsmaterialien kaum berücksichtigt. Auch ihre Zweisprachigkeit wird zugunsten der Dominanz der wichtigsten europäischen Sprachen, Englisch und Französisch, oft zu wenig unterstützt.

Auch die berufliche Qualifikation der Jugendlichen ausländischer Herkunft hat sich in den letzten Jahren verbessert. Es bestehen aber weiterhin Defizite im Vergleich zu den entsprechenden deutschen Altersgruppen: 7,6% aller Auszubildenden waren 1991 ausländische Jugendliche, ihr Anteil an der entsprechenden Altersgruppe der Fünfzehn- bis Achtzehnjährigen betrug jedoch 12%. Der überwiegende Teil der Jugendlichen durchläuft eine Ausbildung in den Bereichen Industrie, Handel oder Handwerk. Mädchen ausländischer Herkunft wählen häufiger als deutsche Mädchen eine Ausbildung in klassischen Frauenberufen wie Friseurin, Sprechstundenhelferin, Bürofachkraft oder Verkäuferin. Ihr Anteil in qualifizierteren Ausbildungsberufen ist deutlich geringer als bei deutschen Mädchen.

Jugendliche ausländischer Herkunft brechen ihre Berufsausbildung zu einem Drittel häufiger ab als deutsche Jugendliche. Neben den Gründen früheren Gelderwerbs werden vor allem Konflikte mit Kollegen, Ausbildern und Lehrern und gesundheitliche Gründe angegeben. Bei den Mädchen spielt auch die negative Einstellung mancher Eltern gegenüber einer Berufsausbildung, die ihnen nach deren Vorstellungen zu viel Freiheit läßt, eine Rolle. Obwohl die Sprachkenntnisse der Jugendlichen deutlich besser geworden sind, treten in der Berufsausbildung häufig Probleme mit der Fachsprache in den fachtheoretischen Fächern auf.

Weitere Gründe für die benachteiligte Situation der Jugendlichen liegen in ihrer zwiespältigen Lebenssituation: das Leben in den traditionellen Familienstrukturen des Herkunftslandes einerseits und die Integration in Deutschland andererseits. Die Anforderungen und Zukunftsvorstellungen der Eltern sind oft nicht vereinbar mit den Anforderungen an eine berufliche Integration in Deutschland.

Von seiten der Herkunftsfamilie treten Behinderungen auf, wenn

■ die Eltern zu wenig Kenntnisse über das deutsche Bildungssystem haben und große Unterschiede zum heimatlichen Bildungssystem bestehen;

■ aufgrund der elterlichen Vorstellungen über die Rückkehr der schnelle Gelderwerb Vorrang vor einer Berufsausbildung hat;

■ die Eltern keine berufliche Weiterbildung und damit keinen beruflichen und sozialen Aufstieg in Deutschland erfahren haben. Die Einsicht in die Notwendigkeit schulischer und beruflicher Ausbildung für die Kinder ist dann oft gering;

■ die Eltern andere, kulturell begründete Vorstellungen von der Rolle der Mädchen und Frauen haben.

1.6 Kultur

Mit dem Begriff Kultur sind sowohl die Alltagskultur und kulturelle Vorstellungen als auch die Hochkultur, Kunst, Literatur und so weiter gemeint. Kultur beinhaltet kein unveränderliches System, sondern ist ein lebendiger Prozeß. Festgefügte Vorstellungen über die hier lebenden Zuwanderer (etwa die patriarchalische und fundamentalistische türkische Familie, den beruflich schlecht qualifizierten, kaum Deutsch sprechenden Industriearbeiter) gehen oft an der Realität vorbei und verstellen den Blick auf die Kultur der Zuwanderer.

Im Bereich der Alltagskultur leben viele Angehörige der Minderheiten in einer kulturellen Zwischensituation: Auf der einen Seite stehen die Muttersprache, die mitgebrachten kulturellen Vorstellungen und Werte, die Verbundenheit mit dem Herkunftsland, der Rückkehrgedanke. Auf der anderen Seite stehen die Kultur und die Lebensbedingungen in Deutschland, die sich hinsichtlich Arbeits- und Lebensrhythmus, Vorstellungen über Individualismus und familiäre Bindungen, Lebensplanung, Sprache und besonders für die islamische Bevölkerung auch hinsichtlich der Religion von der Herkunftskultur unterscheiden.

Es gibt verschiedene Möglichkeiten, auf diese Situation zu reagieren. So gibt es Zuwanderer, die versuchen, ihre Herkunftskultur beizubehalten; sie kapseln sich von der Umgebung ab, verkehren ausschließlich mit Landsleuten und sehen im Verhalten ihrer Kinder eine gefährliche Verwestlichung. Dabei wird häufig eine Kultur gelebt, die im Herkunftsland gar nicht mehr in dieser Form existiert.

Eine andere Möglichkeit, die besonders von der zweiten Generation gelebt wird, besteht darin, die Herkunftskultur und die Kultur und Lebensweise in Deutschland miteinander zu vereinbaren, also eine »Migrationskultur« zu leben: Anpassung findet dabei zuerst in den äußeren Lebensumständen statt, ohne daß eigene kulturelle Vorstellungen und Werte verloren gehen. Dabei werden neue Erfahrungen mit der deutschen Kultur und Lebensweise gewonnen, die wiederum neue Möglichkeiten der Lebensgestaltung eröffnen.

Kulturschaffende ausländischer Herkunft können oft in besonderer Weise dazu beitragen, die Verständigung zwischen deutscher Mehrheit und ausländischer Minderheit zu fördern. Diese Chance wird noch zu selten genutzt. Viele der hier lebenden ausländischen Kulturschaffenden, sofern sie zu den Migrantenkulturen gehören, werden in der Öffentlichkeit kaum wahrgenommen. Verlage, die Schriftsteller der Migrantenkulturen übersetzen, sind vergleichsweise selten; bildende Künstlerinnen und Künstler aus den gleichen Gruppen finden kaum Eingang in Museen und Galerien. Ihre Kunst wird oft als Illustration ihrer sozialen Probleme verstanden. Ein gleichberechtigtes Zusammenleben ist auch in diesem Bereich die Ausnahme.

1.7 Familiäre Probleme

Familiäre Probleme entstehen bei Zuwanderern meist aufgrund des unterschiedlichen Integrationswunsches und -grades der verschiedenen Generationen. Deshalb gehen sie noch über die üblichen Generationenkonflikte hinaus.

Die erste Generation der zugewanderten ausländischen Bevölkerung ist meist noch weitgehend von den Werten und Vorstellungen ihres Herkunftslandes geprägt. Eine Anpassung an die Mehrheitsbevölkerung findet in den Bereichen außerhalb der Familie statt. Innerhalb der Familie wird oft versucht, die Werte und Vorstellungen der eigenen Kultur zu erhalten.

Für die zweite Generation hat dies oft unlösbare Konflikte zur Folge. Sie bewegt sich meist zwischen den beiden Polen ihrer Herkunftskultur und -familie auf der einen und der deutschen Kultur und Gesellschaft auf der anderen Seite. Den tradierten Werten, Vorstellungen und den Erwartungen der Familie stehen die Möglichkeiten und Integrationserwartungen der Mehrheitsgesellschaft gegenüber; die Erwartungen beider Seiten prallen häufig aufeinander: die deutsche Gesellschaft erwartet Integration, die Familie Tradition.

Die daraus entstehenden Probleme, zum Beispiel im Bereich der Emanzipation der Frauen, der religiösen Normen oder der familiären Pflichten sind für sie oft nur schwer lösbar: Mädchen sind davon besonders betroffen. Kulturelle Vorstellungen über die weibliche Rolle, etwa in türkischen Familien, sind schwer mit den hier herrschenden emanzipatorischen Vorstellungen vereinbar. So wird manchmal die Rückkehr und die Eheschließung in der Heimat verlangt. Die Folgen sind Abbruch der Ausbildung, Entfremdung vom sozialen Umfeld. Werden Erwartungen der einen Seite erfüllt, findet Entfremdung von der anderen Seite statt. Vorbehalte und Fremdenfeindlichkeit der Mehrheitsgesellschaft führen noch zusätzlich zu Enttäuschungen gerade bei den um Integration Bemühten.

Die dritte Genration der Kinder und Jugendlichen ist zu etwa drei Vierteln in der Bundesrepublik geboren. Sie durchlaufen das bundesdeutsche Bildungssystem, haben gleichermaßen deutsche und ausländische Freunde, planen eine gute Ausbildung und kleinere Familien, sprechen Dialekt. Von deutschen Jugendlichen unterscheiden sie sich fast nur noch durch ihren ausländischen Paß.

1.8 Psychosoziale Situation, Gesundheit und Alter

Migration als Lebensentscheidung führt häufig in eine schwierige psychosoziale Situation. Dabei spielen Entfremdung vom Heimatland, stärkere Generationenkonflikte oder die geforderte hohe Anpassungsleistung im Zielland eine Rolle.

So wurden gesundheitliche Probleme bei der zugewanderten Bevölkerung, insbesondere psychosomatische Störungen, häufiger als bei der deutschen Bevölkerung festgestellt. Hinzu kommen bei der ersten Generation der »Arbeitsmigranten« frühzeitig auftretende gesundheitliche Probleme aufgrund ihrer Beschäftigung in Berufen mit sehr hoher gesundheitlicher Belastung, im Schichtdienst und als Akkordarbeiter. Auch die schlechte Wohnsituation trägt zu höherem Gesundheitsrisiko bei: Tuberkulose tritt bei ausländischen Kindern häufiger auf als bei deutschen.

■ *Rückkehr im Rentenalter?*

Die unausgesprochene Erwartung, daß ein Großteil der zugewanderten Bevölkerung im Rentenalter in ihr Herkunftsland
zurückkehren wird, hat sich nicht erfüllt. Rückkehr findet im
Gegenteil immer seltener statt. Eine Untersuchung unter in
Stuttgart lebenden Rentnern hat gezeigt, daß fünf von sechs Zuwanderern im Rentenalter an ihrem Wohnort in Deutschland
bleiben.
Viele der Rentner, die in ihr Herkunftsland zurückgekehrt sind,
kommen wieder in die Bundesrepublik. Denn hier leben oft ihre
Kinder und andere Familienangehörige. Hinzu kommt, daß Zuwanderer die Veränderungen im Herkunftsland nicht mitvollzie-
hen konnten. Zum Teil ist ihr Dorf verlassen, die wirtschaftliche
und soziale Situation ist schwierig und häufig werden die Rück-
kehrer von den Einheimischen nicht mehr akzeptiert.
Die Situation der in Deutschland bleibenden Rentner ist aber
ebensowenig leicht. Die Rentenansprüche liegen aufgrund geringer Versicherungszeiten und der meist niedrigeren Arbeitsein-
kommen unter dem deutschen Durchschnitt. Die Einrichtungen
der Altenbetreuung und -hilfe sind zu wenig auf ausländische
Rentner vorbereitet. Ihre Lebenssituation ist unsicher, da der Erhalt von Sozialhilfe ein Ausweisungsgrund sein kann; ihre gesundheitliche Situation ist oft wegen der früheren Beschäftigung
in gesundheitsschädlichen Bereichen vergleichsweise schlechter.

2. Problembereiche
in der Einwanderungssituation

Die Einwanderungssituation, in der sich die Bundesrepublik Deutschland seit langem befindet, ist geprägt von unterschiedlichen und auch widersprüchlichen Problembereichen, die meist nur unzureichend wahrgenommen werden und die das Verhältnis von deutscher und zugewanderter Bevölkerung und die öffentliche Diskussion mittelbar und unmittelbar belasten.

2.1 Das Meinungsbild

Das Meinungsbild der deutschen Bevölkerung über die Fragen des Zusammenlebens mit Zuwanderern ist starken Schwankungen unterworfen und zeigt sich in Forschungsergebnissen zum Teil widersprüchlich.

Fremdenfeindliche Einstellungen bestehen besonders gegenüber Asylsuchenden: In Ostdeutschland äußerten sich 1992 vor allem Jugendliche, in Westdeutschland vor allem Ältere ablehnend gegenüber Asylsuchenden. Auch gegenüber Zuwanderern aus Nicht-EU-Staaten haben sich fremdenfeindliche Einstellungen verstärkt: In einer EU-Umfrage von 1993 meinten 60 % der befragten Deutschen, daß in der Bundesrepublik zu viele Zuwanderer aus Nicht-EU-Staaten lebten. Das waren 5 % mehr als 1992.

Langfristige Untersuchungen des Statistischen Bundesamts von 1980 bis 1990 hingegen kamen zu dem Ergebnis, daß keine generelle Zunahme der Fremdenfeindlichkeit festzustellen sei, sondern vielmehr eine differenzierte Haltung der Deutschen gegenüber Zuwanderern:

■ Die Wahrnehmung starker Konflikte zwischen Zuwanderern und Deutschen hat von 1978 (15 % der Befragten) bis 1988 (19 % der Befragten) zugenommen. 1990 nahmen über 40 % der Westdeutschen und fast 40 % der Ostdeutschen ziemlich starke Konflikte zwischen Zuwanderern und der deutschen Bevölkerung wahr.

■ Die Ablehnung diskriminierender Aussagen und diskriminierender Verhaltensweisen hat deutlich zugenommen: 1990 lehnten 57 % der Befragten (1980: 33 %) die Aussage ab, Zuwanderer sollten ihre Ehepartner unter ihren eigenen Landsleuten auswählen; 41 % (1980: 24 %) waren nicht der Meinung, daß Zuwanderer bei Arbeitsplatzknappheit in Deutschland wieder in ihre Herkunftsländer zurückkehren sollten. Und jeder zweite Befragte lehnte 1990 Verhaltensweisen ab, die Zuwanderer diskriminieren.

Es bestehen Meinungsunterschiede zwischen West- und Ostdeutschen: Generell positiv über das Zusammenleben mit Zuwanderern äußerten sich 1992 60 % der Westdeutschen und nur 40 % der Ostdeutschen. Im Dezember 1992 waren es 55 % der Ostdeutschen und 75 % der Westdeutschen (ZDF-Politbarometer). Zwiespältig sind hierbei die Meinungen über die Qualität des Zusammenlebens: Assimilieren oder zurückkehren heißt bei den meisten Deutschen die Option:

■ 1990 forderten 34 % (1980: 45 %) der vom Statistischen Bundesamt Befragten eine stärkere Anpassung von Zuwanderern an den deutschen Lebensstil; sie sollten Deutsch lernen und sich verhalten wie Deutsche.

■ 1991 vertraten 60 % der von INFAS Befragten die gleiche Auffassung. Weiterhin befürchteten 41 % der deutschen Bevölkerung, von Zuwanderern »kulturell überfremdet« zu werden.

Besorgniserregend sind in Ostdeutschland vor allem die Einstellungen vieler Jugendlicher. 27 % der Jugendlichen in Sachsen und 40 % der Jugendlichen in Brandenburg, die nicht zur rechtsradikalen Szene zählen, fühlen sich von Zuwanderern bedroht. Über 40 % stimmen der Forderung »Ausländer raus« zu, und fast 30 % würden dazu Gewalt anwenden. Obwohl nur knapp ein Prozent der Bevölkerung in den neuen Bundesländern ausländischer Herkunft ist, werden als Gründe kulturelle Bedrohungsängste und die Konkurrenz um Arbeitsplätze genannt.

Entspannter ist die Situation bei den deutschen Jugendlichen, die alltäglich Kontakt mit Jugendlichen ausländischer Herkunft haben. Dies zeigt eine Umfrage, die 1988 in Berlin in Bezirken mit hohem Anteil ausländischer Wohnbevölkerung durchgeführt wurde.

Diese unterschiedlichen Ergebnisse bestätigen, daß das »Nahbild« meist wesentlich positiver ist als das »Fernbild«. Ängste und Vorurteile werden dort am leichtesten abgebaut, wo alltägliche Erfahrungen gesammelt werden können.

Die Umfragen lassen den Schluß zu, daß das negative Meinungsbild nicht mit der in den letzten Jahren stark angestiegenen Zuwanderung zusammenhängt, sondern auf andere Ursachen zurückzuführen ist. Denn zum einen wurde in der Langzeitstudie des Statistischen Bundesamts (siehe Seite 118) eine positive Differenzierung der Haltung gegenüber Fremden im Laufe von zehn Jahren festgestellt, zum andern stellte eine SINUS-Studie schon 1981 ein rechtsextremes Weltbild bei 13 % der Wahlbevölkerung und ethnozentristische Einstellungen bei weiteren 37 % der Wahlbevölkerung fest; und schließlich kann Fremdenfeindlichkeit in den neuen Bundesländern bei einem Anteil von Zuwanderern an der Gesamtbevölkerung von unter einem Prozent nur in den wenigsten Fällen auf direkten Erfahrungen beruhen.

2.2 Verschobene Konflikte

Das Zusammenleben von deutscher und zugewanderter Bevölkerung ist auch durch Probleme belastet, deren Ursachen in ganz anderen Bereichen zu suchen sind, für die die zugewanderte Bevölkerung aber oft verantwortlich gemacht wird. Auch dadurch hat sich Fremdenfeindlichkeit verstärkt.

Beispiele:
■ Die deutsche Gesellschaft ist in einer tiefen Orientierungskrise. Von vielen wird unsere Gesellschaft als immer unübersichtlicher empfunden. Die Modernisierungsschübe der letzten Jahre, der Schwund von Wertorientierungen, der Verlust an Bindungen hat zu einer tiefgreifenden Verunsicherung vieler Menschen geführt. Dies hat ein Doppeltes zur Folge: Die Angst vor dem Fremden wächst und schlägt sich mittelbar in Abwehr gegen Fremde nieder.
■ Zudem hat sich die wirtschaftliche Situation in unserer Gesellschaft verschlechtert. Die Zahl der Arbeitslosen ist in den letzten Jahren stark gewachsen; auch die deutsche Bevölke-

rung sieht sich vor fast aussichtsloser Konkurrenz bei ihren Bemühungen um Wohnungen. Viele Menschen werden in ihren Möglichkeiten durch Einsparungen bei den sozialen Leistungen eingeschränkt. Schnell heißt es dann: »Die Ausländer nehmen uns die Wohnungen und die Arbeitsplätze weg«, obwohl die Ursachen für diese Mängel in ganz anderen Bereichen zu suchen sind, zum Beispiel im Trend zu Einpersonenhaushalten, einer unzureichenden Wohnungs- und Arbeitsmarktpolitik und Umstrukturierungen der Wirtschaft.

2.3 Die deutsche Einigung

Die deutsche Einigung hat Fremdenfeindlichkeit und aggressiven Nationalismus zum Vorschein gebracht. Die zugewanderte ausländische Bevölkerung in West- und Ostdeutschland hat im Zuge der Vereinigung feststellen müssen, daß diese auf Kosten weiterer Ausgrenzung von Zuwanderern geschah: Das neue Ausländergesetz wurde, ohne größere öffentliche Aufmerksamkeit zu erregen, verabschiedet; dann begann die massive Zunahme fremdenfeindlicher Anschläge und rechtsextremistischer Straftaten.

■ Zur Lage in der ehemaligen DDR

Das öffentliche Interesse konzentrierte sich daher besonders auf die frühere DDR. Schon vor der Wende gab es Vorfälle von Fremdenfeindlichkeit, aggressiven Nationalismus und eine nicht unbedeutende Skinhead-Szene. Die Ursachen dafür werden in der gesellschaftlichen Situation und in der Ausländerpolitik der ehemaligen DDR gesehen.

Gesellschaftlich war die Bevölkerung abgeschottet. Internationale Kontakte gab es nur zu den sozialistischen oder kommunistischen »Bruderländern«; Reisen, Ein- und Auswanderung unterlagen strengen Einschränkungen. Ein einfaches Freund-Feind-Schema gegenüber nicht-sozialistischen Staaten, ihrer Bevölkerung und Kultur beherrschte die Wahrnehmung.

Ausländer aus anderen sozialistischen Ländern, vor allem aus Vietnam und Mosambik, wurden für möglichst kurzfristige Arbeits- oder Studienaufenthalte in die DDR geholt. Es gab keine Integrationsmaßnahmen. Die Wohn- und Arbeitssituation wurde so gestaltet, daß möglichst keine Kontakte zur einheimischen Bevölkerung entstehen konnten. Eine Folge der Kontaktarmut war, daß eine Privilegierung der ausländischen Bevölkerung vermutet wurde. Es wurde zwar ein »Internationalismus von oben« verordnet, der aber abstrakt blieb, weil kaum Ausländer in der DDR lebten und persönliche Kontakte vermieden wurden.

Nach der Vereinigung kamen Ängste hinzu, die auf die zugewanderte Bevölkerung Deutschlands übertragen wurden. Meist sind es Konflikte zwischen West- und Ostdeutschen, wie ihre gegenseitige Fremdheit, und auch reale Ängste, wie die Konkurrenz um Arbeitsplätze, Wohnungen und staatliche Zuwendungen. Die Bevölkerung der ehemaligen DDR hat darüber hinaus eine starke Verunsicherung zu bewältigen: Ein ganzes System an oft starren Wertvorstellungen, Regeln, Orientierungen, Sicherheiten ist über Nacht zusammengebrochen. Neue Orientierungen müssen erst aufgebaut werden.

Hinzu kommt, daß diese Verunsicherung von rechtsorientierten Kreisen und rechtsextremistischen Organisationen aus Westdeutschland genutzt wurde, um Nationalismus und Ausgrenzung von Fremden als einfache Antworten anzubieten.

2.4 Streitbegriff »Multikulturelle Gesellschaft«

Der Begriff *»multikulturelle Gesellschaft«* ist in der politischen Auseinandersetzung um die Frage des Zusammenlebens mit Zuwanderern zum Streitbegriff geworden: Je nach politischem Standpunkt wird die multikulturelle Gesellschaft von den einen als Bedrohung für »das Deutsche« empfunden und als solche heftig kritisiert, für andere verbindet sich damit Hoffnung auf wichtige, neue kulturelle Impulse. Mit der Verwendung des Begriffs wird einerseits versucht, Realität zu beschreiben; andererseits sollen Utopien und gesellschaftliche Zukunftsentwürfe aufgezeigt werden.

Befürworter einer multikulturellen Gesellschaft beschreiben Bedingungen für das Zusammenleben zwischen Mehrheit und Minderheit:

■ Gleichberechtigung beider Gruppen und gegenseitige Achtung; Akzeptanz und Toleranz für die kulturell unterschiedlich geprägten Einstellungen und Verhaltensweisen der jeweils anderen; das Ertragen von Konflikten und Spannungen;

■ gegenseitiges Verstehen, aber auch Auseinandersetzung innerhalb demokratischer Spielregeln zwischen Mehrheit und Minderheit;

■ selbstkritische Überprüfung von einseitigen Assimilierungsvorstellungen und von Vorurteilen.

Das Zusammenleben mit ethnischen Minderheiten meint daher nicht duldende Hinnahme, sondern heißt auch Chancen und Bereicherung für die eigene Gesellschaft. Dies schließt Offenheit zur Entwicklung neuer, anderer Lebensformen mit ein.

Das Recht auf kulturelle Unterschiedlichkeit gilt aber nicht unbegrenzt. Es hat dort seine Grenze, wo die Rechtsordnung oder die Menschenrechte verletzt werden.

2.5 Schlagwort »Ausländerkriminalität«

Mit der wachsenden Zahl von Zuwanderern ist auch die Angst vor einer zunehmenden *Ausländerkriminalität* größer geworden. Die Zahlen der polizeilichen Kriminalstatistik scheinen diese Befürchtungen auf den ersten Blick zu bestätigen: Der Anteil der ausländischen Staatsangehörigen, die in der Bundesrepublik einer Straftat verdächtigt werden, lag 1992 bei 30% aller Tatverdächtigen – also etwas mehr als dreimal so hoch wie ihr Anteil an der Wohnbevölkerung. Im Vergleich dazu waren 1984 16,6% der Tatverdächtigen Ausländer.

Hinzu kommt, daß immer mehr Asylsuchende einer Straftat verdächtigt werden: 1992 waren 33,9% der ausländischen Tatverdächtigen Asylsuchende, 1984 nur 7,7%.

Ausländische Kinder, Jugendliche und junge Heranwachsende stellen rund ein Drittel der Tatverdächtigen in diesen Altersgruppen. Repräsentative Befragungen unter Jugendlichen bestätigen eine um etwa 10% höhere Kriminalitätsrate bei ausländischen als bei deutschen Jugendlichen.

Trotz dieser Zahlen halten Kriminologen einen Zusammenhang zwischen ausländischer Staatsangehörigkeit und Kriminalitätsrate für nicht haltbar. Denn bei der Kriminalstatistik sind verschiedene Tatsachen zu berücksichtigen:

■ Alle Tatverdächtigen mit ausländischer Staatsangehörigkeit werden gezählt, also auch Touristen, durchreisende Geschäftsleute und Gewerbetreibende, Schüler und Studenten mit vorübergehendem Aufenthalt, illegal eingereiste oder sich illegal aufhaltende Ausländer, Angehörige der Stationierungsstreitkräfte, die alle nicht in der Bevölkerungsstatistik aufgeführt werden. Deshalb spricht die polizeiliche Kriminalstatistik inzwischen von »nichtdeutschen« anstatt von ausländischen Tatverdächtigen.

■ Nur Tatverdächtige – nicht rechtskräftig Verurteilte – werden gezählt: Die Zahl der Verurteilten kann erheblich von der Zahl der Verdächtigten abweichen. Nach Untersuchungen des Kriminologischen Instituts Niedersachsen (1991) wurden 1991 20 bis 25 % der nichtdeutschen Tatverdächtigen verurteilt.

■ Gegen jeden vierten nichtdeutschen Tatverdächtigen wird wegen eines Verstoßes gegen das Ausländer- oder Asylverfahrensgesetz, wie Verlassen des zugewiesenen Wohnorts bei Asylsuchenden, ermittelt. Diese Delikte können nur Ausländer begehen. Hier ist kein Vergleich mit der deutschen Bevölkerung möglich.

■ Deutsche und nichtdeutsche Bevölkerung unterscheiden sich in ihrer Zusammensetzung: Die Gruppe der Männer unter 40 Jahren, die generell als kriminalitätsbelasteter gilt, ist unter der nichtdeutschen Bevölkerung größer als unter der deutschen.

Die Unterscheidung der nichtdeutschen Tatverdächtigen nach Staatsangehörigkeit und Aufenthaltsstatus zeigt einen deutlichen Rückgang der Kriminalitätsbelastung von Zuwanderern aus den ehemaligen Anwerbestaaten: 1984 waren zum Beispiel 29 % der nichtdeutschen Tatverdächtigen Türken, 8,5 % Italiener, 3,7 % Griechen. 1992 lagen deren Anteile nur noch bei 17,9 %, 4,3 % beziehungsweise 1,9 %. Allerdings kommen zunehmend mehr Tatverdächtige aus der seit wenigen Jahren größten Gruppe von Asylsuchenden aus den ehemaligen Ostblockstaaten.

Die vergleichsweise höhere Gefährdung ausländischer Jugendlicher, kriminell zu werden, wird auf ihre Migrationssituation zurückgeführt. Für viele ist es problematisch, angesichts zweier unterschiedlicher Regelsysteme – dem der Elterngeneration und dem der deutschen Gesellschaft – eine feste Orientierung zu finden. Orientierungslosigkeit kann, ebenso wie derzeit unter deutschen Jugendlichen, eine Ursache für stärkere kriminelle Aktivität sein.

Die organisierte Kriminalität, die unter den Stichworten *italienische Mafia, russische Mafia, polnischer Autoschmuggel* und so weiter bekannt ist, funktioniert international und weltweit. Sie wird häufig von den Ausgangsländern gesteuert, und Ausländer werden in die Bundesrepublik oder andere Staaten eingeschleust, um dort illegalen Geschäften nachzugehen. Unter dieser Art von Kriminalität leiden aber Zuwanderer in besonderem Maße, zum Beispiel durch Schutzgelderpressungen.

Die Tatsache, daß Zuwanderer häufig Opfer von Kriminalität werden, wird in diesem Zusammenhang selten zur Sprache gebracht. Sie werden zunehmend Opfer von rechtsextremen Anschlägen und verbalen oder tätlichen Angriffen auf ihre Person und ihr Eigentum.

2.6 Kulturelle und religiöse Problembereiche

Kulturelle Konflikte können die Grenzen der eigenen Sichtweise deutlich machen. So hat der in unseren westlichen Gesellschaften dominierende Glaube an die Kraft der Vernunft und des Verstehens dazu geführt, daß der Gefühlsbereich und der Umgang mit nichtrationalen und seelischen Belangen fast völlig aus dem öffentlichen Blickfeld verdrängt worden sind.

Dies hat Folgen für das Zusammenleben mit Minderheiten, die oft eine ganz andere kulturelle oder religiöse Prägung erfahren haben: unterschiedliche Bewertung der Zeit, unterschiedliche Bedeutung von Familie und Freundschaft, des Alters, der Rolle von Mann und Frau, von Religion und staatlicher Autorität.

Die mangelnde Kenntnis anderer Kulturen verhindert nicht nur ein besseres Verständnis, sondern birgt auch ein großes Konfliktpotential und kann rigide Abwehrreaktionen auf beiden Seiten hervorrufen. Deutlich wird dies beispielsweise an dem Begriff der Ehre, wie ihn die islamische Welt für das Zusammenleben der Geschlechter beachtet.

Einer großen Belastung ist das Zusammenleben durch das Erstarken des sogenannten Fundamentalismus ausgesetzt. Im islamischen Fundamentalismus artikuliert sich nicht nur ein religiöses Bedürfnis, sondern auch die Suche nach einer Identität, nach Wiedergewinnung von Würde und Selbstachtung. Es ist eine Gegenbewegung zu den Erfahrungen von Ausgrenzung und Abgrenzung, die arabische Völker mit dem europäischen Kolonialismus und muslimische Minderheiten mit unserer Ausländerpolitik gemacht haben. Sie soll die arabischen Völker untereinander verbinden und sie in die Lage versetzen, sich gegen die Industrienationen mit ihrer politischen, wirtschaftlichen und kulturellen Übermacht zur Wehr zu setzen.

In der islamischen Welt versuchen fundamentalistische Gruppen zunehmend Einfluß auf Politik und Gesellschaft zu gewinnen. Das Gefühl der Angst vor dem Islam wächst auch durch die in den Medien verbreiteten Bilder einer fanatisierten Welt nach dem Aufruf Khomeinis zum Mord an Salman Rushdie oder dem Aufruf Saddam Husseins zum »Heiligen Krieg«.

Viele Menschen in der Bundesrepublik Deutschland und in europäischen Nachbarländern reagieren auf die islamischen Minderheiten mit Verunsicherung und Abwehr. Frauen, die Kopftücher tragen, und Kinder, die in die Koranschulen gehen, werden mißtrauisch beobachtet. Es fehlt an sachlicher Aufklärung über den Islam und an Verständnis für die Hintergründe der fundamentalistischen Bewegungen, für das Aufbegehren gegen die Vormachtstellung der Industrienationen.

Die unzureichende emotionale Auseinandersetzung mit anderen Kulturen verhindert auch positive Erfahrungen; denn unterschiedliche Lebens- und Denkweisen bergen auch ein wichtiges Potential für die schöpferische Auseinandersetzung mit der eigenen Kultur. Ethnozentrismus zeigt sich von seiner häßlichsten Seite, indem er Werte anderer Kulturen von vornherein mißachtet und geringschätzt. Es geht nicht unbedingt um das Teilen anderer Werte und Normen, sondern um das Verstehen und Akzeptieren von Verschiedenheit.

2.7 Politische Konzeptionen und Strategien

Seit der Anwerbung von Arbeitskräften in Zeiten des »Wirtschaftswunders« wurde die Ausländerpolitik vor allem als Instrument der Arbeitsmarkt- und Wirtschaftspolitik eingesetzt. Die Anwerbung begann 1955 und endete mit dem Anwerbestopp 1973 zu Zeiten wirtschaftlicher Stagnation und hoher Arbeitslosigkeit. 1983 wurde das Gesetz zur Förderung der Rückkehrbereitschaft erlassen, das finanzielle Rückkehrhilfen vorsah, 1981 wurden die Möglichkeiten des Familiennachzugs begrenzt und 1991 ein neues Ausländergesetz in Kraft gesetzt.

Die Grundpositionen der Ausländerpolitik der Bundesregierung, die im neuen Ausländergesetz (»Gesetz über die Einreise und den Aufenthalt von Ausländern im Bundesgebiet«) vom 1.1.1991 Niederschlag finden, sind folgende:

- Die Bundesrepublik Deutschland ist kein Einwanderungsland, deshalb erfolgt eine Begrenzung des weiteren Zuzugs von außerhalb der Europäischen Union und die Aufrechterhaltung des Anwerbestopps.
- Integration der rechtmäßig in Deutschland lebenden Ausländer, insbesondere der 2. Generation aus den ehemaligen Anwerbestaaten.
- Förderung der freiwilligen Rückkehr.

Um die Integration zu erleichtern, wurde 1978 das Amt des/der Beauftragten der Bundesregierung für die Belange der Ausländer gegründet.

■ Defizite der Zuwandererpolitik

Trotz vielfältiger Maßnahmen und Integrationshilfen auf Bundes-, Länder- und kommunaler Ebene ist die Ausländerpolitik geprägt von erheblichen Defiziten, die das Zusammenleben zwischen deutscher und ausländischer Bevölkerung belasten. Die wichtigsten Problembereiche sind:

- Mangel an Konzeptionen: Es fehlt eine aufeinander abgestimmte Migrations-, Integrations- und Minderheitenpolitik, die sowohl die unterschiedlichen zugewanderten Gruppen übergreifend erfaßt, als auch alle wichtigen Lebensbereiche berücksichtigt und differenzierte Lösungsmodelle anbietet. Konkret bedeutet dies, daß kurz-, mittel- und langfristig Konzeptionen und Strategien erarbeitet werden müssen, um auf die Wanderungsbewegungen und die Fluchtursachen Einfluß nehmen und die Einwanderung steuern zu können, (Migrationspolitik), die Eingliederung der Einwanderer zu unterstützen, Maßnahmen zu ergreifen, um Konflikte und Spannungsfelder zwischen Einheimischen und zugewanderter Minderheit weitgehend zu entschärfen (Integrationspolitik) und um den eingewanderten Minderheiten die politische, rechtliche, gesellschaftliche und kulturelle Teilhabe am Leben in der Bundesrepublik gleichberechtigt zu ermöglichen und sie dabei in ihrer Selbstverantwortlichkeit zu unterstützen (Minderheitenpolitik).

■ Fehlende Steuerungsinstrumentarien: Die Bundesrepublik Deutschland befindet sich längst in einer echten Einwanderungssituation, ohne formal Einwanderungsland zu sein. Damit ist die Möglichkeit der Steuerung des Einwanderungsprozesses nicht gegeben, wie sie eben einem Einwanderungsland zur Verfügung steht.

■ Das Ausspielen der Gruppen gegeneinander: Um den Mangel an politischen Konzeptionen zu verdecken und von sozialen Konflikten abzulenken, werden von Parteien oft selbst Ängste gegenüber Aussiedlern, Asylsuchenden, Ausländern geschürt. Und die Gruppen werden gegeneinander ausgespielt: Aussiedler und Übersiedler gegen ausländische Arbeitnehmer, Flüchtlinge oder Asylsuchende.

■ Fluchtursachen werden unzureichend bekämpft: Mit Gesetzen, mit Sammellagern, mit Visapolitik will man den Einwanderungsdruck mildern. Doch die globalen und die nationalen Grundkonflikte, die zahllose Menschen zur Flucht zwingen, bleiben meist unbenannt. Hier gilt es, Konzeptionen zu entwickeln.

■ Institutionen und Organisationen fehlen: Migrations-, Integrations- und Minderheitenpolitik umfaßt alle Lebensbereiche und muß daher im gesamtgesellschaftlichen Kontext gesehen werden. Da Probleme der Migration und Integration in

einem unmittelbaren Zusammenhang mit zentralen Problemen unserer Gesellschaft stehen, müssen sie auch in das Zentrum der Politik gestellt werden.

Die institutionellen Defizite gilt es dabei ebenso zu beheben; zu
fordern ist:

■ die Einrichtung von entsprechenden Bundestags- und Land-
tagsausschüssen;

■ ein Bundesamt/Ministerium für Migration, Integration und
Minderheiten, das Koordinations- und Kooperationsfunktion
und zudem die Aufgabe der konzeptionellen Entwicklung hat;

■ Netzwerke/Clearingstellen für die Zusammenarbeit von Wissenschaft, Praxis, Politik und Verwaltung;

■ Minderheitenräte für die Beteiligung der Minderheiten selbst;
Förderung der Selbstorganisation; Ombudsfrau/-mann als An-
laufstelle für Einzelfälle;

■ eine Kommission für Migrations-, Integrations- und Minderheitenfragen, in der die gesellschaftlich relevanten Kräfte vertreten sind, um breiten Konsens in diesen Fragen zu erzielen.

2.8 Rechtsextremismus

Der Rechtsextremismus hat in den vergangenen Jahren einen
massiven Aufschwung erfahren. Er äußerte sich beispielsweise in
Wahlerfolgen rechtsextremer politischer Parteien, wie der Republikaner und der Deutschen Volksunion (DVU), in einer zunehmenden Akzeptanz von Gewalt gegenüber Zuwanderern und in
Gewaltakten wie den Brandanschlägen auf Flüchtlingsunter-
künfte und im Mord an türkischen Familien. Die Namen
Hoyerswerda, Hünxe, Rostock, Mölln, Solingen symbolisieren
diese Entwicklung.
Die Zahl der fremdenfeindlichen Straftaten wächst. Das Bundeskriminalamt zählte 1991 2.500 fremdenfeindliche Straftaten,
1992 3.699 und allein im ersten Halbjahr 1993 3.365. Nach
dem Brandanschlag in Solingen im Mai 1993, dem fünf türkische Zuwanderinnen zum Opfer fielen, verdoppelte sich die Zahl
der Brandanschläge im Juni; die Zahl der fremdenfeindlichen
Straftaten verdreifachte sich.

Die Straftäter sind nach Untersuchungen des Bundesjugend-
ministeriums und des Bundeskriminalamts von 1992 zu 70%
männliche Jugendliche und Heranwachsende zwischen 15 und
20 Jahren, oft mit niederem oder mittlerem Schulabschluß. Zu-
meist sind sie weder Mitglied einer rechtsorientierten oder
rechtsextremistischen Organisation, noch gehören sie einer gesellschaftlichen Randgruppe, wie zum Beispiel Skinheads oder
Hooligans an.
In den neuen Bundesländern bekannten sich schon vor der
Wende 6% der Jugendlichen zu einer rechtsradikalen Haltung.
Eine Untersuchung des Leipziger Jugendinstituts von 1991 hat
außerdem gezeigt, daß 16% der Jugendlichen wieder einen *starken Führer* haben wollen. 40% empfinden ihr Leben durch die
zugewanderte Bevölkerung beeinträchtigt, 15 bis 20% der
Jugendlichen sind gewaltbereit und 18% haben Verständnis für
Gewalt gegen Asylsuchende.
Unter westdeutschen Jugendlichen sind rechtsextremistische
Orientierung und Fremdenfeindlichkeit offensichtlich weniger
stark ausgeprägt: Hier sind es 8% der Jugendlichen, die Verständnis für Gewalt gegen Asylsuchende haben. 30% sind der
Meinung, daß Zuwanderer aus Nicht-EU-Staaten in ihr Herkunftsland zurückkehren sollten, und 50% meinen, daß es
genug Zuwanderer in Deutschland gibt.
Nach einer neueren Untersuchung des Landes Nordrhein-West-
falen von 1993 hat sich die Situation in letzter Zeit weiter ver-
schärft: Bei einer repräsentativen Befragung haben sich 52% eine
»starke Hand für Deutschland« gewünscht, 60% sogar sehen
Recht und Ordnung in Gefahr.
Zukunftsangst ist das bestimmende Grundgefühl von 80% der
ostdeutschen und über 50% der westdeutschen Jugendlichen.
Zuwanderer, die von weiten Teilen der Gesellschaft und der Politik als Problem betrachtet werden, müssen dann als Sündenbock
herhalten. Dieser Zusammenhang wird in den ostdeutschen
Städten mit der höchsten Jugendarbeitslosigkeit deutlich: Diese
Städte sind gleichzeitig Brennpunkte der Jugendgewalt gegen-
über Zuwanderern.
Gleichzeitig und zum Teil ihren eigenen fremdenfeindlichen
Äußerungen widersprechend, betrachtet etwa die Hälfte der

Jugendlichen in West- und Ostdeutschland Fremdenfeindlichkeit und zunehmenden Rechtsextremismus als gesellschaftliches Problem.

Die Wähler der rechtsextremen Parteien rekrutieren sich aus zwei Lagern: Zum einen sind es diejenigen, die ökonomisch zwar noch nicht bedroht sind, jedoch durch den raschen kulturellen und sozialen Wandel verunsichert sind und sich bedroht fühlen. Zum anderen sind es diejenigen, die wirtschaftlich und sozial tatsächlich benachteiligt sind und die weder von der Politik noch einer politischen Partei aufgefangen werden. Sie fühlen sich oft ausgegrenzt und an den Rand der Gesellschaft gedrängt.

Die soziale Zusammensetzung der Wähler rechtsextremer Parteien hat sich seit den früheren Erfolgen der NPD verändert: So wählen heute vor allem Männer unter 25 Jahren die rechten Parteien. Das rechtsextreme Wählerpotential in den neuen Bundesländern ist, in absoluten Zahlen gerechnet, doppelt so hoch wie in der alten Bundesrepublik und liegt somit prozentual um ein Vielfaches höher.

Der hohe Anteil rechtsextremer Jugendlicher in den neuen Bundesländern ist nicht weiter verwunderlich. Sie sind auf neue Anforderungen wie Eigenverantwortlichkeit, Durchsetzungsfähigkeit, inidviduelle Lebensplanung und Mobilität nicht vorbereitet. Ihre bisherige Erziehung stärkte vor allem die Einordnung in ein vorgeplantes und damit auch abgesichertes Leben. Die Folge ist eine weitverbreitete Orientierungslosigkeit.

Das ideologische Vakuum, das der Zusammenbruch des Sozialismus hinterlassen hat, und das Bedürfnis nach Orientierung wurden bisher nur unzureichend von den demokratischen Parteien und politischen Organisationen ausgefüllt. Wo Sicherheiten und Orientierungen verlorengegangen sind, meinen viele aber, daß ihnen nur noch der Rückzug auf die einzige Gemeinsamkeit und Gewißheit bleibt – die Tatsache des »Deutschseins«. Auf die Unsicherheiten ihrer Existenz, auf die Unübersichtlichkeit der neuen Situation reagieren sie mit der Suche nach einfachen Antworten. Rechtsextreme Parteien verheißen ein solch einfaches Weltbild, das gekennzeichnet ist von einem grob vereinfachenden Freund-Feind-Schema, von Nationalismus, autoritärer Führung und der Ausgrenzung der Ausländer als Sündenböcke.

2.9 Interessen des Zusammenlebens

Es liegt in unserem eigenen politischen, wirtschaftlichen und kulturellen Interesse, uns für eine positive Gestaltung des Zusammenlebens zwischen deutscher Mehrheit und zugewanderten Minderheiten einzusetzen. Da dies weiten Teilen der deutschen Bevölkerung nicht in ausreichendem Maße bewußt ist, muß es noch deutlicher vermittelt werden.

■ Politische Interessen

An politischen Interessen seien genannt:

Im Einigungsprozeß Europas kann die Bundesrepublik nur dann eine führende Rolle spielen, wenn sie ihr Zusammenleben mit Zuwanderern ohne gewaltsame Konflikte gestaltet. Die Reaktionen des Auslands auf die Gewaltaktionen von 1991, 1992 und 1993 haben dies erneut deutlich gemacht.

Deutschland versteht sich als Demokratie. Dazu gehört die Bewältigung innerer sozialer Konflikte mit rechtlichen Mitteln unter Einbeziehung der Bürger. Werden Einschränkungen, Entsolidarisierung und Diskriminierung gegenüber einer Minderheit erst einmal akzeptiert, besteht die Gefahr, daß sich diese Einstellungen bei Gelegenheit auch gegen andere richten, zum Beispiel wegen Partei-, Religions-, Berufs- und Bevölkerungszugehörigkeit.

Darüber hinaus wirken die Zuwanderer der Überalterung entgegen; ihr Durchschnittsalter liegt um zehn Jahre unter dem der Deutschen. Das Verhältnis Erwerbstätige – Rentner wird durch Zuwanderung zugunsten der Erwerbstätigen verschoben beziehungsweise nicht verschlechtert.

■ *Wirtschaftliche Interessen*

An wirtschaftlichen Interessen sollen hier aufgeführt werden:
Deutschland ist Teil der Weltwirtschaft auf der Basis internationaler Arbeitsteilung. Migration und kosmopolitische Orientierungen gehören zum normalen Alltag dieser Welt. Die fremdenfeindlichen Aktionen, die Übergriffe und Gewalttaten gegenüber Zuwanderern haben der deutschen Wirtschaft unmittelbar geschadet.

Einwanderer bringen ihre Arbeitskraft, ihr spezifisches Arbeitsvermögen und ihr Geld in die deutsche Entwicklung ein. Eine Untersuchung des Rheinisch-Westfälischen Instituts für Wirtschaftsforschung im Auftrag der »Wirtschaftswoche« hat im Oktober 1991 gezeigt: Durch die zugewanderte Bevölkerung ist das Sozialprodukt 1991 um 90 Milliarden, das sind 3,5%, gewachsen. Durch Steuern und Sozialabgaben der Zuwanderer sowie durch Einkommensgewinne von Deutschen durch Zuwanderer haben die öffentlichen Haushalte von 1988 bis 1992 50 Milliarden erhalten. Abzüglich öffentlicher Zuwendungen an Zuwanderer in Höhe von 18 Milliarden Mark und den Ausgaben für den Staatsverbrauch selbst ist ein Nettogewinn für die öffentlichen Haushalte von 14 Milliarden Mark geblieben.

Daneben verstärken ausländische Unternehmer den Mittelstand, schaffen Arbeitsplätze, investieren in die Wirtschaft.

Entgegen der landläufigen Argumentation wurden Arbeitsplätze von Deutschen durch die Zuwanderung in den letzten Jahren nicht gefährdet. Im Gegenteil: Durch die Beschäftigung von 1,4 Millionen Zuwanderern im Durchschnitt des Jahres 1992 entstanden 90.000 Arbeitsplätze, denn Zuwanderer erhöhen die Nachfrage nach Konsumgütern um rund 60 Milliarden Mark pro Jahr, nehmen Dienstleistungen in Anspruch, gründen selbst Unternehmen und tragen somit zur Schaffung neuer Arbeitsplätze bei.

■ *Kulturelle Interessen*

Kulturelle Interessen schließlich können besonders gut zeigen, daß ein friedliches Zusammenleben für beide Seiten gewinnbringend ist:

Andere Völker haben Lebensweisen, Orientierungen und soziale Institutionen entwickelt, die uns anregen und bereichern können, zum Beispiel bei der Einbeziehung der älteren Generation, in der Verantwortung für Behinderte, im Umgang mit Kindern. Persönliche Zuwendung und Gemeinsinn haben bei vielen einen höheren Stellenwert.

Besonders wirksam für die Nutzbarmachung fremder Kulturen sind die Bereiche Gastronomie, Feiern, aber auch Handwerk, Kunsthandwerk und Medizin. Von anderen Kulturen können wir auch hinsichtlich Musik-, Bild- und Sprachkultur (Literatur) lernen. Multikulturelles Leben gehört bereits jetzt zur alltäglichen Erfahrung vieler Deutscher und baut Vorurteile ab. In vielen Städten, Stadtteilen, Straßen und Häusern ist das Zusammenleben mit Menschen aus anderen Kulturen, aus anderen Ländern bereits jetzt selbstverständlicher Bestandteil des Alltags. Spannungen sind zwar vorhanden, werden aber bewältigt oder für ertragbar gehalten. Im Alltag wird auf beiden Seiten erfahrbar, daß das Zusammenleben Anregungen und Zugang zu neuen Einstellungen, Verhaltensweisen und Orientierungen gibt.

V. Daten und Fakten zur Situation der zugewanderten ausländischen Bevölkerung

Die ausländische Bevölkerung umfaßt alle in der Bundesrepublik Deutschland lebenden Personen, die nicht Deutsche im Sinne des Art. 116 Abs. 1 GG (§1 Abs. 2 Ausländergesetz) sind, also alle Personen mit ausländischer Staatsangehörigkeit: Ausländerinnen und Ausländer aus den ehemaligen Anwerbestaaten, Flüchtlinge, Asylsuchende, Asylberechtigte, ausländische Studenten usw.

1. Ausländische Wohnbevölkerung

Tabelle 1 Wanderungen von Ausländern in das und aus dem Bundesgebiet, 1988–1991

Zuzüge Herkunftsland	1988	1989	1990	1991
1. Griechenland	33 046	29 498	26 520	28 305
2. Italien	41 838	40 159	36 933	35 441
3. ehem. Jugoslawien	55 752	61 534	65 161	221 034
4. Marokko	4 517	4 721	5 485	5 948
5. Portugal	3 587	5 333	7 009	10 716
6. Spanien	3 905	4 410	4 438	5 065
7. Türkei	78 402	85 679	83 604	81 901
8. Tunesien	2 206	2 323	2 632	2 753
Summe 1.–8.	223 253	233 657	231 782	391 163
Alle Länder	648 550	770 771	842 364	920 491

Fortzüge	1988	1989	1990	1991
1. Griechenland	12 754	12 754	14 260	15 443
2. Italien	37 150	37 150	34 129	36 371
3. ehem. Jugoslawien	26 059	26 059	38 274	52 957
4. Marokko	1 335	1 335	1 446	1 951
5. Portugal	1 944	1 944	2 926	4 068
6. Spanien	6 007	6 007	6 111	6 189
7. Türkei	39 876	39 876	35 114	36 134
8. Tunesien	1 809	1 809	1 775	1 798
Summe 1.–8.	126 934	126 934	134 035	154 911
Alle Länder	359 089	438 277	466 038	497 476
Wanderungssaldo				
1. Griechenland	+20 292	+14 904	+12 260	+12 862
2. Italien	+4 688	+1 698	+2 804	–930
3. ehem. Jugoslawien	+29 693	+25 527	+26 887	+168 077
4. Marokko	+3 182	+3 455	+4 039	+3 997
5. Portugal	+1 643	+2 533	+4 083	+6 648
6. Spanien	–2 102	–1 996	–1 673	–1 124
7. Türkei	+38 526	+48 013	+48 490	+45 767
8. Tunesien	+397	+465	+857	+955
Summe 1.–8.	+96 319	+94 599	+97 747	+236 252
Alle Länder	+289 461	+332 404	+376 326	+423 015

Quelle: Beauftragte der Bundesregierung für die Belange der Ausländer

Tabelle 2 Ausländische Wohnbevölkerung nach ausgewählten Staatsangehörigkeiten 1989–1992

Staatsangehörigkeit	1989		1990[1]		1991		1992	
	Absolut	%[2]	Absolut	%[2]	Absolut	%[2]	Absolut	%[2]
EG-Staaten insgesamt	1 325 400	27,4	1 435 740	26,9	1 483 766	25,2	1 503 708	23,2
Griechenland[3]	293 649	6,1	320 181	6,0	336 893	5,7	345 902	5,3
Italien[3]	519 548	10,7	552 440	10,3	560 090	9,5	557 709	8,6
Jugoslawien[3]	610 499	12,6	662 691	12,4	775 082	13,2	915 636	14,1
Marokko[3]	61 848	1,3	69 595	1,3	75 145	1,3	80 278	1,2
Portugal[3]	74 890	1,6	85 511	1,6	92 991	1,6	98 918	1,5
Spanien[3]	126 963	2,6	135 498	2,5	135 234	2,3	133 847	2,1
Türkei[3]	1 612 623	33,3	1 694 649	31,7	1 779 586	30,3	1 854 945	28,6
Tunesien[3]	24 292	0,5	26 120	0,5	27 205	0,5	28 075	0,4
Polen	220 443	4,6	242 013	4,5	271 198	4,6	285 553	4,4
Rumänien	21 101	0,4	60 293	1,1	92 135	1,6	167 327	2,6
Insgesamt	4 845 882	100	5 342 532	100	5 882 267	100	6 495 792	100

1) Ab 1990 gesamtdeutsches Ergebnis
2) Anteil an der ausländischen Wohnbevölkerung insgesamt
3) ehemalige Anwerbestaaten

Quelle: Beauftragte der Bundesregierung für die Belange der Ausländer

Tabelle 3 Ausländische Wohnbevölkerung nach ausgewählten Staatsangehörigkeiten, Altersgruppen und Geschlecht am 31.12.1992

Staatsangehörigkeit	Insgesamt	Kinder unter 16 Jahren	Davon	
			Männer 16 Jahre und älter	Frauen 16 Jahre und älter
Europäische Staaten	5 367 074	1 092 204	2 453 038	1 821 832
EG-Staaten	1 503 708	215 001	736 021	552 686
Griechenland[1]	345 902	56 233	161 636	128 033
Italien[1]	557 709	103 635	284 081	169 993
Portugal[1]	98 918	14 538	46 060	38 320
Spanien[1]	133 847	14 169	66 195	53 483
ehem. Jugoslawien[1]	915 636	205 962	395 548	314 126
Türkei[1]	1 845 945	537 429	734 692	582 824
Außereuropäische Staaten	1 061 403	197 693	546 146	317 564
Marokko[1]	80 278	24 898	36 617	18 763
Tunesien[1]	28 075	8 219	13 477	6 379
Ausländer Insgesamt	6 495 792	1 309 178	3 029 623	2 156 991

1) ehemalige Anwerbestaaten

Quelle: Statistisches Bundesamt nach einer Auszählung des Ausländerzentralregisters beim Bundesverwaltungsamt (Köln)

Tabelle 4 Ausländische Wohnbevölkerung nach ausgewählten Staatsangehörigkeiten und Aufenthaltsstatus am 31.12.1991

Staatsangehörigkeit	Ausländer	darunter Aufenthaltserlaubnis			Aufenthaltsberechtigung
		Zusammen	befristet	unbefristet	
	Insgesamt	Insgesamt	Insgesamt	Insgesamt	Insgesamt
EG-Staaten	1 487 271	1 072 846	521 912	550 034	73 929
Griechenland[1]	336 893	232 209	114 340	117 869	18 719
Italien[1]	560 090	398 979	222 144	176 235	17 175
ehem. Jugoslawien[1]	775 082	321 340	124 896	196 444	184 026
Marokko[1]	75 145	30 482	16 093	14 389	12 508
Portugal[1]	92 991	59 807	25 410	34 397	10 966
Spanien[1]	135 234	85 483	20 762	64 721	22 095
Tunesien[1]	27 205	11 017	5 121	5 896	5 599
Türkei[1]	1 779 586	638 084	297 564	340 530	524 116
Iran	97 924	54 725	28 456	26 269	6 084
Afghanistan	36 409	15 121	6 152	8 969	301
Libanon	50 935	13 853	12 614	1 239	265
Chile	6 849	4 305	1 735	2 570	516
Pakistan	28 157	11 348	8 455	2 893	1 620
Alle Ausländer	5 882 267	2 990 649	1 513 450	1 477 199	862 758

1) ehemalige Anwerbestaaten

Quelle: Beauftragte der Bundesregierung für die Belange der Ausländer

Tabelle 5 Einbürgerungen

Jahr	Ausländische Wohnbevölkerung	Einbürgerungen Insgesamt	Anspruchseinbürgerungen	Einbürgerungen darunter absolut	Ermessenseinbürgerungen Anteil an ausl. Wohnbevölkerung
1974	4 127 366	24 744	12 256	12 488	0,3
1975	4 089 594	24 925	14 198	10 272	0,3
1976	3 948 037	29 481	16 347	13 134	0,3
1977	3 948 278	31 632	18 097	13 535	0,3
1978	3 981 061	32 710	18 635	14 075	0,4
1979	4 143 836	34 952	19 780	15 172	0,4
1980	4 453 308	37 003	22 034	14 969	0,4
1981	4 629 729	35 878	22 235	13 643	0,3
1982	4 666 917	39 280	26 014	13 266	0,3
1983	4 534 863	39 485	25 151	14 334	0,3
1984	4 363 648	38 046	23 351	14 695	0,3
1985	4 378 942	34 913	21 019	13 894	0,3
1986	4 512 679	36 646	22 616	14 030	0,3
1987	4 240 532	37 810	23 781	14 029	0,3
1988	4 489 105	46 783	30 123	16 660	0,4
1989	4 845 882	68 526	50 794	17 742	0,4
1990	5 342 532	101 377	81 140	20 237	0,4
1991	5 882 267	141 630	114 335	27 295	0,5

Quelle: Statistisches Bundesamt

Tabelle 6   Ausländische Wohnbevölkerung und sozialversicherungspflichtig Beschäftigte 1960–1992

Jahr[1]	Ausl. Wohn-bevölkerung Tsd.[2]	Anteil der ausl. Wohn-bevölkerung an der Gesamtbevölkerung[3]	Sozialversicherungs-pflichtig Beschäftigte Tsd.[3]
1960	686,2	1,2	279,0
1968	1 924,2	3,2	1 089,9
1969	2 381,1	3,9	1 372,1
1970	2 976,5	4,9	1 948,9
1971	3 438,7	5,6	2 240,7
1972	3 526,6	5,7	2 352,3
1973	3 966,2	6,4	2 595,0
1974	4 127,4	6,7	2 286,6
1975	4 089,6	6,6	2 038,7
1976	3 948,3	6,4	1 920,8
1977	3 948,3	6,4	1 869,4
1978	3 981,1	6,5	1 864,1
1979	4 146,8	6,7	1 947,5
1980	4 453,3	7,2	2 015,6
1981	4 629,8	7,5	1 917,2
1982	4 666,9	7,6	1 785,5
1983	4 534,9	7,4	1 709,1
1984	4 146,8	7,1	1 608,1
1985	4 378,9	7,1	1 536,0
1986	4 512,7	7,4	1 544,7
1987	4 630,2	7,4	1 557,0
1988	4 489,1	7,3	1 607,1
1989	4 845,9	7,7	1 683,8
1990	5 342,5	8,4	1 793,4
1991	5 882,3	7,3	1 908,7
1992	6 495,8	8,0	2 119,6

1) bis 1984 Stichtag 30.09., ab 1985 Stichtag 31.12. eines jeden Jahres
2) ab 1991 gesamtdeutsches Ergebnis
3) Ergebnisse für das fühere Bundesgebiet

Quelle: Beauftragte der Bundesregierung für die Belange der Ausländer

Tabelle 7   Sozialversicherungspflichtig beschäftigte Ausländer und Ausländerinnen in der Bundesrepublik Deutschland nach Staats- und EG-Angehörigkeit, 1965–1992

Nation	Juni 1965 %	Januar 1973 absolut	Januar 1973 %	Juni 1980 %	Juni 1985 %	Juni 1990 absolut	Juni 1990 %	Juni 1992 absolut	Juni 1992 %
Frankreich	2,2	54 669	2,3	2,5	2,6	42 826	2,4	44 683	2,2
Griechenland	15,6	268 408	11,4	6,4	6,5	105 448	5,9	102 831	5,1
Großbritannien	0,7	19 839	0,8	1,7	1,9	38 515	2,2	42 363	2,1
Italien	30,9	409 448	17,4	14,9	12,8	175 148	9,8	165 050	8,1
Niederlande	5,1	75 127	3,2	1,9	2,0	25 709	1,4	25 893	1,3
Portugal	0,9	68 994	2,9	2,8	2,2	41 897	2,4	44 521	2,2
Spanien	15,5	179 157	7,6	4,2	4,3	61 300	3,4	54 922	2,7
Belgien	0,6	11 504	0,5	0,5	0,5	6 785	0,4	6 760	0,3
Irland	0,0	806	0,0	0,1	0,1	2 097	0,1	2 725	0,1
Luxemburg	0,1	2 209	0,1	0,1	0,1	947	0,1	879	0,0
Dänemark	0,3	3 954	0,2	0,2	0,2	2 786	0,2	3 247	0,2
Aktuelle % EG-Staaten [2]	71,8 (836 477)	1 094 115	46,6	35,3 (731 961)	33,1 (524 312)	503 458	28,2	493 874	24,3
Türkei	10,4	528 414	22,5	28,5	31,5	594 586	33,4	652 097	32,0
Jugoslawien	5,5	465 611	19,8	17,3	18,5	312 974	17,6	375 082	18,4
Sonstige Nationen	12,3	258 660	11,0	18,9	16,8	371 235	20,8	515 101	25,3
Nicht-EG-% Staaten	28,2 (327 887)	1 252 685	53,4	64,7	66,9	1 278 795	71,8	1 542 280	75,7
Insgesamt [1]	1 164 364 (100 %)	2 346 800	100	2 071 658 (100 %)	1 583 898 (100 %)	1 782 253	100	2 036 154	100

1) Einschließlich der aus dem benachbarten Ausland in die Bundesrepublik einpendelnden Ausländer (Firmensitz: Bundesrepublik Deutschland)
2) Einschließlich der zwischenzeitlich der EG beigetretenen Staaten

Quelle: Beauftragte der Bundesregierung für die Belange der Ausländer

Tabelle 8 Beschäftigte ausländische Arbeitnehmer und Arbeitnehmerinnen nach Wirtschaftsabteilungen, 1992

Wirtschaftsabteilung	Ausländische Arbeitnehmer	
	Anzahl	in %[1]
Land- und Forstwirtschaft, Fischerei	19 689	9,2
Energie, Bergbau	29 442	6,8
Verarbeitendes Gewerbe	957 106	11,0
Baugewerbe	161 952	10,7
Handel	178 932	5,4
Verkehr und Nachrichtenübermittlung	89 141	7,5
Kreditinstitute, Versicherungsgewerbe	17 312	1,8
Dienstleistungen, soweit anderweit nicht genannt	437 509	8,6
Organisationen ohne Erwerbscharakter, private Haushalte	24 579	4,5
Gebietskörperschaften, Sozialversicherung	51 002	3,4
Insgesamt	1 966 809	8,4

1) Ausländeranteil an der Gesamtzahl der Beschäftigten in den Wirtschaftsabteilungen

Quelle: Bundesanstalt für Arbeit

Tabelle 9 Arbeitslose Aussiedler, Ausländer und Deutsche nach ausgewählten Strukturmerkmalen im Bundesgebiet West, 1990–1992

Merkmale		Aussiedler			Ausländer			Deutsche (ohne Aussiedler)		
		1990	1991	1992	1990	1991	1992	1990	1991	1992
Alle Arbeitslosen	absolut	154 925	134 430	131 546	191 668	206 684	256 362	1 381 149	1 268 386	1 395 700
	in %	100	100	100	100	100	100	100	100	100
Männer		41,9	37,7	37,1	60,2	62,7	63,3	49,9	51,9	53,1
Frauen		58,1	62,3	62,9	39,8	37,3	36,7	50,1	48,1	46,9
Angestelltenberufe		36,6	38,1	36,3	18,5	17,0	15,9	41,8	40,4	39,6
Arbeiterberufe		63,4	61,9	63,7	81,5	83,0	84,1	58,2	59,7	60,4
Berufsausbildung										
ohne abgeschl. Berufsausbildung		50,3	52,3	55,0	77,2	78,1	78,8	42,1	41,8	41,3
mit abgeschl. Berufsausbildung		49,7	47,7	45,0	22,8	21,9	21,2	57,9	58,2	58,7
Stellung im Beruf										
Arbeiter		63,7	62,5	64,3	81,4	82,9	84,0	58,1	59,8	60,6
davon: Nichtfacharbeiter		38,8	41,9	46,2	70,1	72,0	73,3	38,6	39,6	39,2
Facharbeiter		24,9	20,6	18,1	11,3	11,0	10,7	19,5	20,2	21,4
Angestellte		36,3	37,5	35,7	18,6	17,1	16,0	41,9	40,2	39,4
davon: einfach Tätigkeit		13,9	13,9	13,0	9,1	8,3	8,1	16,2	14,9	14,9
gehobene Tätigkeit		22,5	23,6	22,6	9,5	8,8	7,9	25,7	25,3	24,5
Alter										
unter 20 Jahre		3,6	2,7	2,9	6,0	6,5	6,6	3,1	3,0	2,9
20 bis unter 25 Jahre		10,4	9,0	8,1	11,8	13,3	14,4	12,5	11,9	11,2
25 bis unter 30 Jahre		14,7	13,9	12,5	13,1	14,6	15,0	14,7	14,3	14,2
30 bis unter 35 Jahre		17,6	17,1	16,9	12,3	12,3	12,5	12,8	12,6	12,8
35 bis unter 40 Jahre		14,1	14,7	15,6	11,1	10,6	10,3	9,7	9,5	9,7
40 bis unter 45 Jahre		7,5	9,3	10,5	11,2	10,5	10,0	7,6	7,9	8,3
45 bis unter 50 Jahre		6,8	5,9	5,2	10,5	9,6	9,6	8,3	7,6	7,4
50 bis unter 55 Jahre		9,5	5,9	9,5	11,4	10,5	9,9	11,7	11,9	11,4
55 bis unter 60 Jahre		10,7	11,8	12,9	10,0	9,5	9,2	15,7	17,2	17,7
60 bis unter 65 Jahre		5,1	5,7	6,0	2,5	2,5	2,6	3,8	4,1	4,5
In Arbeitslosigkeit seit										
unter 1 Monat		20,1	19,0	17,6	17,2	19,4	17,8	13,0	14,2	13,6
1 bis unter 3 Monate		32,7	25,7	25,2	21,1	24,9	24,7	19,8	22,5	22,9
3 bis unter 6 Monate		19,5	18,7	18,6	15,6	16,5	18,2	16,0	16,1	17,0
6 bis unter 12 Monate		16,6	18,2	17,6	18,2	16,2	18,7	19,1	17,0	18,3
12 bis unter 24 Monate		8,4	13,9	13,4	14,2	11,6	11,8	14,2	13,3	13,7
24 Monate und länger		2,6	4,5	7,5	13,7	11,3	8,8	17,7	16,9	14,5
mit gesundheitlichen Einschränkungen		6,4	7,8	8,1	22,5	22,3	21,0	28,6	31,9	32,1

Quelle: Bundesanstalt für Arbeit: Arbeitsmarktanalyse 1992

Tabelle 10   Ausländische Schulabsolventen nach Abschluß-
qualifikation, 1990 und 1991

Abschluß nach Beendigung der Schulpflicht	1990 Gesamtzahl	%[1]	1991 Gesamtzahl	%[1]
ohne Hauptschul-abschluß	16 029	20,3	16 810	20,2
darunter aus Sonderschulen	4 046		4 012	
mit Hauptschul-abschluß	33 504	42,5	34 982	42,0
Realschulabschluß	21 352	27,1	22 636	27,2
Fachhochschulreife	2 646	3,4	2 685	3,2
Hochschulreife	5 319	6,7	6 256	7,5
Schulabschlüsse insgesamt	78 850	100	83 369	100

1) In Prozent der Schulabschlüsse ausländischer Schüler

Quelle: Bundesministerium für Bildung und Wissenschaft

Tabelle 11 Auszubildende nach ausgewählten Staatsangehörigkeiten und Ausbildungsbereichen im Schuljahr 1991

Auszubildende	Industrie Handel	Handwerk	Landwirtschaft	Öffentlicher Dienst	Hauswirtschaft[1]	Freie Berufe	Insgesamt
Deutsche und Ausländer insgesamt	734 336	460 417	27 426	61 832	8 300	137 393	1 430 211
Ausländische insgesamt	49 515	48 347	248	1 474	299	8 941	108 830
Anteil der Ausländer an der Gesamtzahl der Auszubildenden	3,5 %	3,4 %	–	0,1 %	–	0,6 %	7,6 %
darunter aus:							
Griechenland	2 350	2 903	2	90	24	477	5 846
Italien	4 573	5 512	15	176	39	654	10 969
Jugoslawien	9 863	7 789	14	359	40	1 488	19 553
Portugal	1 082	958	3	30	10	126	2 209
Spanien	1 616	1 243	2	65	16	201	3 143
Türkei	22 262	20 880	11	516	94	4 520	48 283
Sonstige Staatsangehörigkeit	7 769	9 062	201	238	76	1 475	18 827

1) Hauswirtschaft im städtischen Bereich

Quelle: Beauftragte der Bundesregierung für die Belange der Ausländer

2. Aussiedlerinnen und Aussiedler

Tabelle 1   Neueingereiste Aussiedler und Aussiedlerinnen nach ausgewählten Strukturmerkmalen 1989–1992 (Arbeitslose Aussiedler nach
ausgewählten Strukturmerkmalen siehe Tabelle 9, S. 144)

Personenkreis	Eingereiste Aussiedler[1] im Jahre			
	1989	1990	1991	1992
Personen absolut	**377 055**	**397 073**	**221 995**	**230 565**
in %	**100**	**100**	**100**	**100**
Männer	50,2	49,6	48,7	48,6
Frauen	49,8	50,4	51,3	51,4
Herkunftsland				
ehem. UdSSR	26,0	37,3	66,4	84,8
Polen	66,4	33,7	18,1	7,7
Rumänien	6,2	28,0	14,5	7,0
Altersgruppen				
bis 20 Jahre	32,0	29,8	35,1	37,9
20 bis 25 Jahre	9,2	8,6	7,8	6,2
25 bis 45 Jahre	33,3	31,3	33,5	34,0
45 bis 60 Jahre	10,7	13,4	12,6	10,6
60 Jahre und älter	6,8	10,3	11,0	11,2
nicht zuordnungsfähig	8,0	6,6	–	–
Erwerbspersonen				
insgesamt	**52,1**	**48,6**	**52,4**	**52,0**
davon: Männer	27,9	26,5	27,2	26,5
Frauen	24,2	22,1	25,2	25,5
Nichterwerbspersonen				
insgesamt	**39,9**	**44,8**	**47,6**	**48,0**
davon: Hausfrauen	2,9	3,7	2,3	1,2
Rentner	7,0	10,9	11,2	12,3
noch nicht schul-
pflichtige Kinder	13,0	11,5	13,1	13,7
Schüler	16,7	16,8	20,0	20,2
Schulentlassene
ohne Beruf	0,1	0,5	0,5	0,4
Sonstige	2,0	1,4	0,6	0,2

1) Bis Oktober 1990 nur die in das Bundesgebiet-West, ab November
1990 die in das Bundesgebiet Ost und West eingereisten Aussiedler

Quelle: Bundesanstalt für Arbeit: Arbeitsmarktanalyse 1992

3. Flüchtlinge und Asylsuchende

Tabelle 1   Asylberechtigte, Asylsuchende und Flüchtlinge in der
Bundesrepublik Deutschland Ende 1992

Asylberechtigte	100 000
Familienangehörige	130 000
Asylsuchende im Verfahren (inkl. Altfälle)	477 000
De-facto-Flüchtlinge [1]	640 000
darunter: Kontingentflüchtlinge [2]	38 000
Geduldete Flüchtlinge [3]	151 418
Heimatlose Ausländer	28 000
Flüchtlinge insgesamt	1 565 000

1) De-facto-Flüchtlinge: Sie haben entweder keinen Asylantrag gestellt,
   oder ihr Asylantrag ist abgelehnt worden; aus rechtlichen, politischen
   und humanitären Gründen werden sie jedoch nicht abgeschoben. Ihr
   Bleiberecht ergibt sich aus der Allgemeinen Erklärung der Menschenrechte oder aus der Genfer Flüchtlingskonvention
2) Kontingentflüchtlinge: Ausländische Flüchtlinge, die aus humanitären
   Gründen in bestimmter Zahl aufgenommen werden. Aktuellstes Beispiel sind Kontingentflüchtlinge aus dem ehemaligen Jugoslawien:
   Das Kontingent beträgt 17 000, bis Juli 1993 sind 14 000 als Kontingentflüchtlinge aufgenommen worden
3) Duldung erfolgt nach § 53 des Ausländergesetzes

Quelle: Bundesministerium des Innern; Bundeszentrale für politische Bildung: Informationen zur politischen Bildung, Nr. 237, 4. Quartal 1992

Tabelle 2 Asylbewerberzugänge und Entscheidungen des Bundesamtes für die Anerkennung ausländischer Flüchtlinge, 1979–1992

Jahr	Asylbewerberzugang	Insgesamt	Entscheidungen davon			Unerledigte Verfahren am Schluß des Jahres (Personen)
			Anerkennungen (v. H.)	Ablehnungen (v. H.)	Einstellungen/ Rücknahmen (v. H.)	
1979	51 493	41 262	6 573 (15,9 %)	29 308 (71,0 %)	5 381 (13,1 %)	keine Zählung
1980	107 818	106 757	12 783 (12,0 %)	82 659 (77,4 %)	11 315 (10,6 %)	–"–
1981	49 391	110 717	8 531 (7,7 %)	78 945 (71,3 %)	23 241 (21,0 %)	–"–
1982	37 423	90 853	6 209 (6,8 %)	55 470 (61,1 %)	29 174 (32,1 %)	–"–
1983	19 737	36 702	5 032 (13,7 %)	22 624 (61,6 %)	9 046 (24,7 %)	17 854
1984	35 278	24 724	6 566 (26,6 %)	11 420 (46,2 %)	6 738 (27,2 %)	28 985
1985	73 832	38 504	11 224 (29,2 %)	17 013 (44,2 %)	10 267 (26,6 %)	65 006
1986	99 650	55 555	8 853 (15,9 %)	31 955 (57,5 %)	14 747 (26,6 %)	110 147
1987	57 379	87 539	8 231 (9,4 %)	62 000 (70,8 %)	17 308 (19,8 %)	81 725
1988	103 076	88 530	17 621 (8,6 %)	62 983 (71,1 %)	17 926 (20,3 %)	97 807
1989	121 318	120 610	5 991 (5,0 %)	89 866 (74,5 %)	24 753 (20,5 %)	101 634
1990	193 063	148 842	6 518 (4,4 %)	116 268 (78,1 %)	26 056 (17,5 %)	152 391
1991	256 112	168 023	11 597 (6,9 %)	128 820 (76,7 %)	27 606 (16,4 %)	247 187
1992	438 191	216 356	9 189 (4,3 %)	163 637 (75,6 %)	43 530 (20,1 %)	477 570

Quelle: Bundesministerium des Innern

Tabelle 3　Asylsuchende nach ausgewählten Nationalitäten, 1980–1992

Zeitraum	Asylbewerber	Herkunftsländer			
		ehem. Jugoslawien	Rumänien	Türkei	Bulgarien
1980	107 818	765	777	57 913	157
1981	49 391	544	929	6 302	127
1982	37 423	670	1 009	3 688	85
1983	19 737	357	587	1 548	87
1984	35 278	356	644	4 180	89
1985	73 832	758	887	7 528	97
1986	99 650	1 245	1 512	8 693	125
1987	57 379	4 713	1 964	11 426	106
1988	103 076	20 812	2 634	14 873	177
1989	121 318	19 423	3 121	20 020	429
1990	193 063	22 114	35 345	22 082	8 341
1991	256 112	74 854	40 504	23 877	12 056
1992	438 191	122 666	103 787	28 327	31 540

Quelle: Beauftragte der Bundesregierung für die Belange der Ausländer

an	Nigeria	Vietnam	Afghanistan	Republik der ehem. UdSSR	Sri Lanka
749	43	–	5 466	68	2 673
915	47	91	3 601	73	2 750
958	128	321	2 072	102	1 416
1 190	53	31	687	41	2 645
2 658	99	22	1 198	22	8 063
8 840	158	53	2 632	43	17 380
21 700	322	685	3 055	51	3 978
6 538	137	58	1 586	55	2 285
7 867	485	106	1 462	116	3 383
5 768	1 676	829	3 650	280	7 758
7 271	5 399	9 428	7 348	2 337	4 361
8 643	8 358	8 133	7 337	5 690	5 623
10 486	10 486	12 258	6 351	10 833	5 303

Tabelle 4   Asylsuchende nach Hauptherkunftsländern,
Januar 1993–September 1993

Herkunftsland	Anzahl
Rumänien	70 516
Restjugoslawien	56 464
Bulgarien	21 295
Bosnien-Herzegowina	15 800
Türkei	15 309
Algerien	10 052
Vietnam	9 170
Armenien	5 254
Russische Föderation	4 653
Afghanistan	4 376
Insgesamt	275 853

Quelle: Bundesministerium des Innern: Das Bundesministerium des Innern teilt mit.
Bonn, 5. Oktober 1993

Literatur und Materialien

Aktion Gemeinsinn e.V.: Die »Ausländer« und wir. Zahlen, Tatsachen, Argumente. Bonn 1993. Bezug: Aktion Gemeinsinn e.V., Prinz-Albert-Str. 30, 53113 Bonn

Amnesty international (Hrsg.): Jahresbericht 1992. Frankfurt 1992 (erscheint jährlich). Bezug: Amnesty international, Heerstr. 178, 53111 Bonn

Bade, Klaus J. (Hrsg.): Das Manifest der 60 – Deutschland und die Einwanderung. München 1993

ders. (Hrsg.): Deutsche im Ausland – Fremde in Deutschland – Migration in Geschichte und Gegenwart. München 1992

Beauftragte der Bundesregierung für die Belange der Ausländer (Hrsg.): Mitteilungen – In der Diskussion: Das Einbürgerungs- und Staatsangehörigkeitsrecht der Bundesrepublik Deutschland. Bonn, Juli 1993

dies. (Hrsg.): In der Diskussion: »Ausländerkriminalität« oder »kriminelle Ausländer«. Anmerkungen zu einem sensiblen Thema. Bonn, November 1993

dies. (Hrsg.): Mitteilungen – Daten und Fakten zur Ausländersituation. Bonn, Juli 1992

dies. (Hrsg.): Jugend ohne deutschen Paß. Bonn 1992

dies. (Hrsg.): Ideen & Handlungshilfen gegen Fremdenfeindlichkeit vor allem in den fünf neuen Bundesländern. Bonn 1991

Beauftragter der Bundesregierung für Aussiedlerfragen (Hrsg.): Info-Dienst Deutsche Aussiedler. Zahlen, Daten, Fakten. Bonn 1993

Benz, Wolfgang (Hrsg.): Rechtsextremismus in der Bundesrepublik. Voraussetzungen, Zusammenhänge, Wirkungen. Frankfurt a.M. 1989 (aktualisierte Neuausgabe)

Bundesanstalt für Arbeit (Hrsg.): Arbeitsmarkt 1992. Arbeitsmarktanalyse für die alten und neuen Bundesländer. Nürnberg 1993. Bezug: Landesarbeitsamt Nordbayern, Geschäftsstelle für Veröffentlichungen, 90328 Nürnberg

Bundeskriminalamt, Abt. Staatsschutz (Hrsg.): Lagebericht 1992 – Rechtsextremismus, Rechtsterrorismus und fremdenfeindliche Straftaten. Meckenheim 1993

Bundesminister des Innern (Hrsg.): Aufzeichnung zur Auslän-
derpolitik und zum Ausländerrecht in der Bundesrepublik
Deutschland. Bonn, Januar 1991. Bezug: Bundesministerium
des Innern, Graurheindorfer Str. 198, 53117 Bonn
ders. (Hrsg.): Das neue Ausländerrecht der Bundesrepublik
Deutschland. Bonn 1991
Bundesvereinigung der Deutschen Arbeitgeberverbände (Hrsg.):
Ausländerbeschäftigung in Deutschland. Grundsätze und Emp-
fehlungen der Arbeitgeber. 1992
Bundeszentrale für politische Bildung (Hrsg.): Das Ende der
Gemütlichkeit. Theoretische und praktische Ansätze zum Umgang mit Fremdheit, Vorurteilen und Feindbildern. Bonn 1993
dies.: Themen und Materialien für Journalisten, Band 3 – Ausländer. Bonn 1992
dies. (Hrsg.): Ausländer. Informationen zur politischen Bildung,
Nr. 237, 4. Quartal 1992. Bonn 1992
dies. (Hrsg.): Aussiedler. Informationen zur politischen Bildung,
Nr. 222. Bonn 1991
dies. (Hrsg.): Ausländer und Massenmedien. Bestandsaufnahme
und Perspektiven. Schriftenreihe Band 253. Bonn 1987
Cohn-Bendit, Daniel; Schmid, Thomas: Heimat Babylon. Hamburg 1992
Die Ausländerbeauftragte des Senats Berlin: Miteinander leben
in Berlin. Berlin 1991. Bezug: Die Ausländerbeauftragte des Senats, Potsdamer Str. 65, 10785 Berlin
dies. (Hrsg.): Der Islam und die Muslime – Geschichte und religiöse Traditionen. Berlin 1991
DISS (Hrsg.): SchlagZeilen Rostock: Rassismus in der Presse.
Bezug: DISS, Realschulstr. 51, 47051 Düsseldorf
Farin, Klaus; Eberhard Seidel-Pielen: Skinheads. München 1993
Friedrich-Ebert-Stiftung (Hrsg.): Multikulturelle Gesellschaft.
Der Weg zwischen Ausgrenzung und Vereinnahmung? Ge-
sprächskreis Arbeit und Soziales Nr. 6. Bonn 1992
dies.: Argumente gegen Vorurteile. Bezug: Friedrich-Ebert-Stif-
tung, Abt. Gesellschaftspolitische Informationen, Godesberger
Allee 149, 53175 Bonn

Frischkopf, Arthur; Ursula Schneider-Wohlfahrt: Von der Utopie der Multikulturellen Gesellschaft und den Schwierigkeiten ihrer Verwirklichung. 1989. Bezug: Wir e.V., Elsa-Brandström-Str. 6, 50668 Köln

Heckmann, Friedrich: Ethnische Minderheiten, Volk und Nation. Stuttgart 1992

Heitmeyer, Wilhelm: Jugend – Staat – Gewalt. Weinheim 1992

Institut der deutschen Wirtschaft Köln (Hrsg.): Zusammen leben – Zusammen arbeiten. Ausländer in Deutschland. Köln 1993

Leggewie, Claus: Multi Kulti. Spielreglen für die Vielvölkerrepublik. Nördlingen 1990

ders.: Druck von rechts. Wohin treibt die Bundesrepublik? München 1993

Niedersächsisches Ministerium für Bundes- und Europaangelegenheiten – Ausländerbeauftragte (Hrsg.): Vorurteile. Argumentationshilfe zur Ausländerthematik; Hannover 1992. Bezug: Niedersächsisches Ministerium für Bundes- und Europaangelegenheiten – Ausländerbeauftragte, Clemensstraße 17, 30169 Hannover

Nirumand, Bahman: Leben mit den Deutschen. Essay. Reinbek bei Hamburg 1989

Nuscheler, Franz (Hrsg.): Nirgendwo zu Hause. Menschen auf der Flucht. München 1988

Schiffauer, Werner: Die Gewalt der Ehre. Erklärungen zu einem deutsch-türkischen Sexualkonflikt. Frankfurt a.M. 1988

Schmalz-Jacobsen, Cornelia; Hinte, Holger; Tsapanos, Georgios: Einwanderung – und dann? Perspektiven einer neuen Ausländerpolitik. München 1993

Struck, Manfred (Hrsg.): Zuwanderer in den Medien. Der journalistische Umgang mit einem sensiblen Themenbereich. Arbeitshilfe. Bonn, Mai 1993

ders.: Soziale Vorurteile in unserer Gesellschaft – Argumente gegen Fremdenfeindlichkeit. 1989. Bezug: Wir e.V., Elsa-Brandström-Str. 6, 50668 Köln

Tibi, Bassam: Die Krise des modernen Islam. Frankfurt 1990

Verlagsinitiative gegen Gewalt und Fremdenhaß: Schweigen ist Schuld. Ein Lesebuch gegen Fremdenhaß und Gewalt. Frankfurt a.M. 1993

Weltflüchtlingsbericht. Ein Handbuch zu Fluchtursachen und
Asyl, Bevölkerungsbewegung und Entwicklungspolitik. Bezug:
Medico International, Obermainanlage, 60314 Frankfurt
Winkler, Beate (Hrsg.): Zukunftsangst Einwanderung. 3. Auf-
lage. München 1993
Wir e.V. (Hrsg:): Asyl- und Flüchtlingspolitik – Situation, Streit-
punkte, Vorhaben. 1992. Bezug: Wir e.V., Elsa-Brandström-
Str. 6, 50668 Köln
Zentrum für Türkeistudien (Hrsg.): Ausländer in der Bundes-
republik Deutschland. Ein Handbuch für Journalisten. (er-
scheint voraussichtl. Anfang 1994). Bezug: Zentrum für Türkeistudien, Overbergstr. 27, 45141 Essen

Adressen und Bezugsquellen

Ministerien, Beauftragte und Ämter auf Bundesebene

Beauftragte der Bundesregierung für die Belange der Ausländer
Lengsdorfer Hauptstraße 72–80, 53127 Bonn, Tel.: 0228/5270
Beauftragter der Bundesregierung für Aussiedlerfragen
Graurheindorfer Str. 198, 53117 Bonn, Tel.: 0228/681-4607
Bundesamt für die Anerkennung ausländischer Flüchtlinge
Zollhausstr. 95, 90469 Nürnberg, Presseabt. Tel.: 0911/8969521
Bundesministerium für Arbeit und Sozialordnung, Referat Presse
und Informationen, Rochusstr. 1, 53123 Bonn,
Tel.: 0228/527-2224
Bundesministerium des Innern – Pressestelle –
Graurheindorfer Str. 198, 53117 Bonn, Tel.: 0228/681-5203
Statistisches Bundesamt – Allgemeiner Auskunftsdienst –
Gustav-Stresemann-Ring 11, 65189 Wiesbaden, Tel.:0611/7632

Nichtstaatliche Institutionen

Amnesty international, Sektion der Bundesrepublik Deutsch-
land. Heerstr. 178, 53111 Bonn, Tel.: 0228/650981
Arbeiterwohlfahrt Bundesverband e.V., Abteilung Migration.
Oppelner Str. 130, 53119 Bonn, Tel.: 0228/6685-0
Bundesvereinigung der Deutschen Arbeitgeberverbände.
Gustav-Heinemann-Ufer 72, 50968 Köln, Tel.: 0221/37950

Bundeszentrale für politische Bildung. Berliner Freiheit 7,
53111 Bonn, Tel.: 0228/5151
Deutscher Caritasverband e.V., Flüchtlings- und Aussiedlerhilfe.
Lorenz-Werthmann-Haus, Karlstraße 40, 79104 Freiburg i.Br.,
Tel.: 0761/2000
Deutscher Gewerkschaftsbund – Ausländische Arbeitnehmer.
Hans-Böckler-Str. 39, 40476 Düsseldorf, Tel.: 0211/42010
Deutscher Paritätischer Wohlfahrtsverband (DPWV) – Gesamt-
verband e.V. Heinrich-Hoffmann-Str. 3, 60528 Frankfurt,
Tel.: 069/6706-0
Deutsches Rotes Kreuz, Generalsekretariat, Referat 24. Königs-
winterer Str. 29, 53227 Bonn, Tel.: 0228/541487
Das Diakonische Werk der Evangelischen Kirche in Deutschland
e.V. – Hauptgeschäftsstelle, Referat für soziale Fragen der Aus-
länderbeschäftigung. Stafflenbergstraße 76, 70184 Stuttgart,
Tel.: 0711/2159367
Informations- Dokumentations- und Aktionszentrum gegen
Ausländerfeindlichkeit für eine multikulturelle Zukunft e.V.
Charlottenstraße 55, 40210 Düsseldorf, Tel.: 0211/1649432
Kirchenamt der Evangelischen Kirche in Deutschland – EKD.
Herrenhäuserstr. 12, 30419 Hannover, Tel.: 0511/2796-0
PRO ASYL. Neue Schlesingergasse 22-24,
60311 Frankfurt a. M., Tel.: 069/293160
Sekretariat der Deutschen Bischofskonferenz. Kaiserstr. 163,
53113 Bonn, Tel.: 0228/103220
Verband binationaler Familien und Partnerschaften. Interessen-
gemeinschaft der mit Ausländern verheirateten Frauen e.V.
(IAF). Kasseler Str. 1a, 60486 Frankfurt a.M, Tel.: 069/7075087
Verband der Initiativgruppen in der Ausländerarbeit e.V. (VIA).
Bundesgeschäftsstelle: Theaterstr. 10, 53111 Bonn,
Tel.: 0228/655553
WIR e.V., Forum für ein besseres Verständnis zwischen Deut-
schen und Ausländern. Elsa-Brandström-Str. 6, 50668 Köln,
Tel.: 0221/7393730
Zentrale Dokumentationsstelle der Freien Wohlfahrtspflege für
Flüchtlinge e.V. (ZDWF). Hans-Böckler-Str. 3, 53225 Bonn,
Tel.: 0228/462047-48

Adressenlisten

Arbeitsstab der Beauftragten der Bundesregierung für die Belange der Ausländer (Hrsg.): Adressliste der Ausländerbeauftragten von Bund, Ländern und Kommunen.

Beauftragte der Bundesregierung für die Belange der Ausländer, – Berliner Referat –: Träger der Ausländerarbeit in den neuen Bundesländern. Initiativen, Vereine, Kirchen und Wohlfahrtsverbände. Eine Bestandsaufnahme. März 1993

Gorzini, Mehdi Jafari; Müller, Heinz (Hrsg.): Handbuch zur interkulturellen Arbeit. World University Service, Gewerkschaft Erziehung und Wissenschaft, Institut für Sozialforschung Mainz, Wiesbaden 1993. Enthält Adressen und Selbstdarstellungen von Initiativgruppen in der gesamten Bundsrepublik zu den Bereichen: Interkulturelles, Flucht und Asyl, Rassismus.

Info-Dienst Deutsche Aussiedler: Zahlen, Daten, Fakten. Nr. 45, Bonn, September 1993. Bietet Adreßlisten über: Aussiedlerbeauftragte des Bundes und der Länder, Erstaufnahmeeinrichtungen, Landesaufnahmestellen, Landesverbände und Landsmannschaften der Vertriebenen, in der Eingliederungsarbeit tätige Verbände und Organisationen.

Autorinnen und Autoren

Dr. Werner Bohleber. Dipl-Psychologe, Psychoanalytiker; in eigener Praxis in Frankfurt tätig. Mitglied der deutschen Psychoanalytischen Vereinigung (DPV). Lehranalytiker am Sigmund-Freud-Institut Frankfurt. Mitherausgeber der Zeitschrift PSYCHE. Veröffentlichungen zur Adoleszenz, zur psychoanalytischen Erforschung der nationalsozialistischen Vergangenheit, zu Fremdenhaß, Antisemitismus und Nationalismus: »›Gift, das du unbewußt eintrinkst...‹; Der Nationalsozialismus und die deutsche Sprache« (zusammen mit J. Drews), Bielefeld 1991; »Antisemitismus« (zusammen mit J. Kafka), Bielefeld 1992.

Irene Dänzer-Vanotti. Studium in Freiburg, München und London, danach zwei Jahre lang Redakteurin bei der Nachrichtenagentur Reuters, Pressesprecherin des Deutschen Evangelischen Kirchentages 1985 und seit 1985 freie Journalistin, hauptsächlich für Hörfunk und Fernsehen. CIVIS-Preis 1991 für das Hörspiel/Feature: »Die Sicht des Fremden. Nachbarschaft mit Ausländern.«

Dr. Ute Gerhard. Literaturwissenschaftlerin, Ruhr-Universität Dortmund. Zur Zeit Tätigkeit im Forschungsprojekt der VW-Stiftung: »Flucht, Wanderung und Lager nach dem 1. Weltkrieg im Diskurs der Medien und der Literatur«. Veröffentlichungen u.a.: »Wenn Flüchtlinge und Einwanderer zu ›Asylantenfluten‹ werden – Zum Anteil des Mediendiskurses an rassistischen Pogromen«. In: OBST, Osnabrücker Beiträge zur Sprachtheorie Nr. 46, März 1992.

Prof. Dr. Jo Groebel. Inhaber des Lehrstuhls für die Psychologie der Massenkommunikation an der Universität Utrecht. Gastprofessor an der University of California, Los Angeles. Forschungsprojekte u.a. mit Cambridge University und Harvard Law School. Veröffentlichungen u.a.: »Aggression and War«, Cambridge University Press, 1989; »Cooperation and Pro-Social Behaviour«, Cambridge University Press, 1991. Zahlreiche Beiträge in Fachpublikationen und der Presse.

Dipl.-Päd. Imme de Haen. Studium der Erziehungswissenschaften, Psychologie und Soziologie in Frankfurt. Tätigkeit als freie Journalistin, Aufbau der Beratungsstelle Medienpädagogik im Gemeinschaftswerk der Evangelischen Publizistik (GEP). Seit 1987 Leiterin der Evangelischen Medienakademie/cpa. Veröffentlichungen u.a.: »Medienpädagogik und Kommunikationskultur«, Reihe: GEP Medien Dokumentation Bd. 13 (1984); »Aber die Jüngste war die Allerschönste«, Frankfurt 1983; »Hören und Sehen. Die Kirche des Wortes im Zeitalter der Bilder« (zusammen mit Claus Eurich), GEP, Stuttgart 1991.

Prof. Dr. Jürgen Link. Professor für neuere deutsche Literatur und Diskurstheorie an der Ruhr-Universität Bochum. Zahlreiche Publikationen u. a. zur Sprache und Symbolsprache der Medien; Hrsg. von »kultuRRevolution. Zeitschrift für angewandte Diskurstheorie« (Klartext Verlag Essen).

Claudia Martini. Ethnologin (M.A.). Forschung zu »Tourismus und interkulturelle Kommunikation« auf den Philippinen; Dozentin für Deutsch als Fremdsprache; freie Mitarbeiterin im *Projekt: Zentrum für Migrationsfragen und interkulturelle Entwicklung*; Referentin im Arbeitsstab der Ausländerbeauftragten.

Gert Monheim. Studium der Fächer Deutsch, Geschichte und Politikwissenschaften an der Universität Köln. Seit 1971 Fernsehreporter beim Westdeutschen Rundfunk Köln. Zur Zeit Autor und Regisseur im Bereich Innenpolitik. Fernsehpreise u.a. Grimme-Preise für »Gesucht wird ... Eine Todesursache«, 1987; »Gesucht wird ... Gift am Arbeitsplatz«, 1989. Filme zu Fragen der Asyl- und Ausländerpolitik: »Asyl – Bewährungsprobe für ein Grundrecht« 1984; »Leben in einem Asylbewerberlager«, 1985; CIVIS-Preise für: »Zum Beispiel Berlin – Über den Umgang mit Ausländerfeindlichkeit«, 1992; »Wer Gewalt sät – Von Brandstiftern und Biedermännern«, 1993.

Dr. Heribert Prantl. Stellvertretender Ressortleiter Innenpolitik der Süddeutschen Zeitung. Veröffentlichungen u.a.: »Chronik der Asyldebatte«, in: Bernhard Blanke: Zuwanderung und Asyl in der Konkurrenzgesellschaft, 1993.

Prof. Dr. Klaus Schönbach. Professor für Kommunikationswissenschaft; geschäftsführender Leiter des Instituts für Journalistik und Kommunikationsforschung der Hochschule für Musik und Theater Hannover. 1982 Habilitation in Münster. 1983–85 Professor für Angewandte Kommunikationsforschung an der Universität München. Mehrere Gastprofessuren in den USA. Zahlreiche wissenschaftliche Veröffentlichungen in den Arbeitsgebieten Massenmedien und Wahlen, Publikumsforschung, Methoden der empirischen Kommunikationsforschung.

Arzu Z.M. Toker. Bisherige Tätigkeiten: Sekretärin, Büroleiterin, Sozialpädagogin, Koordinatorin für den Bereich Jugendarbeit im Jugendamt der Stadt Köln. Zur Zeit freischaffend und seit 1985 Mitglied des WDR-Rundfunkrats und stellvertretende Vorsitzende des WDR-Programmausschusses. Zahlreiche Veröffentlichungen u.a.: »Griechisch-Türkisch-Deutsches Lesebuch«, Hrsg.: Niki Edeneier, Arzu Toker. Jugendtheaterstück: »Und wer fragt mich?« Gedichte und verschiedene Aufsätze in Zeitschriften, Zeitungen und Büchern.

Dipl. sc. pol. Univ. Georgios Tsapanos. Studium der Politischen Wissenschaften in München, während des Studiums und danach Tätigkeit als freier Journalist, seit März 1992 Pressesprecher der Beauftragten der Bundesregierung für die Belange der Ausländer. Veröffentlichung u.a.: Cornelia Schmalz-Jacobsen; Holger Hinte; Georgios Tsapanos: »Einwanderung und dann? Perspektiven einer neuen Ausländerpolitik.« München 1993.

Dr. Beate Winkler, Referentin im Arbeitsstab der Ausländerbeauftragten der Bundesregierung seit 1981; Veröffentlichungen zu Migrations-, Integrations- und Minderheitenfragen sowie zu den Bereichen Kultur, Medien und Öffentlichkeitsarbeit. Veröffentlichungen u.a.: Mitherausgeberin der Dokumentation »Kulturelles Wirken in einem anderen Land«, Loccum 1987, und des Buches »Facetten des Fremden«, Berlin 1992. Beate Winkler (Hrsg.): »Zukunftsangst Einwanderung«, München 1993.

Dipl.-Psych. Andreas Zick. Wissenschaftlicher Mitarbeiter am Fachbereich Gesellschaftswissenschaften der Bergischen Universität GHS Wuppertal. Forschungsschwerpunkte: Intergruppen-Theorien, Migration, Vorurteile, Rassismus. Arbeitet derzeit an einer Dissertation zum Thema »Vorurteile und Rassismus aus sozialpsychologischer Perspektive.«